행복이란 무엇인가

在哈佛听积极心理学 BY 王滟明

Copyright © 2012 by 天津磨铁图书有限公司
All rights reserved.
Korean Translation Copyright ⓒ 2014 by Feelbooks
Korean edition is published by arrangement with 天津磨铁图书有限公司
through EntersKorea Co., Ltd.

행복이란 무엇인가

초판 1쇄 인쇄일 | 2014년 12월 10일   초판 1쇄 발행일 | 2014년 12월 20일
초판 5쇄 인쇄일 | 2019년 01월 24일   초판 5쇄 발행일 | 2019년 01월 31일

강의 | 탈 벤 샤하르
엮은이 | 왕옌밍
옮긴이 | 김정자
펴낸이 | 강창용
책임기획 | 이윤희
디자인 | 김동광
책임영업 | 최대현

펴낸곳 | 느낌이있는책
출판등록 | 1998년 5월 16일 제 10-1588
주 소 | 경기도 고양시 일산동구 중앙로 1233 현대타운빌 1210호
전 화 | (代)031-932-7474
팩 스 | 031-943-5962
이메일 | feelbooks@naver.com
포스트 | http://post.naver.com/feelbooksplus
페이스북 | http://www.facebook.com/feelbooksss

ISBN   978-89-97336-79-1 03330

이 도서의 국립중앙도서관 출판예정도서목록(CIP)은 서지정보유통지원시스템
홈페이지(http://seoji.nl.go.kr)와 국가자료공동목록시스템(http://www.nl.go.kr/
kolisnet)에서 이용하실 수 있습니다.(CIP제어번호: CIP2014035073)

세계 3대 명강의 – 예일대의 '죽음' 하버드대의 '행복' '정의'!

What is Happiness

하버드대 샤하르 교수의 긍정과 행복 심리학

행복이란 무엇인가

탈 벤 샤하르 강의

왕옌밍 엮음 | 김정자 옮김

느낌이있는책

contents

1
행복을 연구하는 학문
긍정 심리학

2
긍정적인 삶의
다섯 가지 관점

3

행복을 위한
다섯 가지 지침서

하버드대의 전설적인 '행복 강의' 습격

사람들은 왜
'행복'에 열광하는가?

2006년 '긍정 심리학(인터넷과 매스컴에서 말하는 '행복 강의')'은 하버드에서 가장 인기 있는 선택 과목이었다. 유명한 경제학자 그레고리 맨큐Gregory Mankiw의 '경제학 입문' 과목보다 훨씬 많은 수강생이 몰렸다. 바로 무명의 젊은 강사 탈 벤 샤하르Tal Ben—Shahar의 강의였다.

그로부터 몇 년 후, 샤하르는 점차 유명세를 타게 되었고 중국에서도 여러 차례 강의를 진행했다. 그의 강의를 들은 학생들은 하나같이 "감사합니다. 교수님의 강의를 듣고 제 인생이 변했어요!"라고 인사했다.

변화는 바로 행복의 시작이었다.

샤하르가 하버드에서 처음 긍정 심리학 강의를 시작했을 때 학생 수는 고작 여덟 명에 불과했고, 그나마 두 명은 청강생이었다. 하지만 두 번째에는 400여 명의 학생이 몰렸고, 세 번째는 850명이 강의를 듣기 위해 찾아왔다. 그 후 샤하르의 강의는 문전성시를 이루었고, 심지어 학부모와 그 친척들까지 찾아와 '행복 강의'의 매력에 빠져들었다.

'행복 강의'가 이처럼 인기를 끌었던 이유는 무엇일까?

그의 강의를 듣고 나면 유쾌해지고 활력이 샘솟았다. 샤하르 교수는 말했다.

"저는 성공할 줄 알았어요. 저 또한 큰 도움을 받았거든요.

행복은 학습과 훈련을 통해 얻을 수 있습니다."

　최근 '하버드 행복 강의'는 세계적인 행복 토론의 붐을 일으키고 있다. 필자는 다행히도 그의 모든 강의를 들었다. 강의를 들으면서 정리한 기록이 독자들을 진정한 행복으로 인도할 수 있길 바란다.

행복은
각성하는 것

행복이란 무엇인가?

　사람들은 아직까지도 이를 둘러싸고 열띤 토론을 한다. 이제까지 우리는 공부를 잘하고, 사업이 번창하며, 돈을 많이 벌면 행복해질 수 있다고 생각하며 살아왔다. 하지만 모든 것을 다 가지고도 행복한 삶을 사는 사람은 많지 않다. 샤하르 교수는 의식주의 기본적인 욕구를 충족하고 나면, 그 이상의 재산은 행복감을 높이는 데 큰 도움이 되지 않는다고 주장한다.

　하버드 대학에서는 다양한 조사를 통해 미국을 비롯한 많은 선진국에서 재산이 증가할수록 행복감이 줄어든다는 사실을 입증했다. 데이터 통계에 따르면, 과거 30년간 미국의 국민생산

총액은 두 배로 증가했지만 '매우 행복하다'고 느끼는 인구는 5% 감소했으며 우울증 환자의 수는 대폭 상승했다.

샤하르 교수는 어떻게 행복을 얻을 것인가보다 행복 자체에 관심을 가지고, 스스로 '나는 어떻게 더 행복해질 수 있는가?'라는 질문을 던져야 한다고 말한다.

'행복 강의'에서는 행복해질 수 있는 '비법'을 알려주지 않는다. "강의를 들은 학생들이 지식을 알려줘서 고맙다는 인사보단 '저를 일깨워줘서 감사합니다'라는 말을 해줬으면 좋겠어요."

그는 행복이 생각보다 가까운 곳에 존재하며, 행복해지는 방법은 아주 간단하다고 강조한다. 단지 바쁜 업무에 시달리며 결과를 중시하는 태도가 과정을 소홀히 생각하게 만들고 있을 뿐이다. 따라서 우리의 행복은 각성될 필요가 있다.

샤하르 교수는 긍정 심리학이 학술적인 치밀함과 정확성을 가지고 있을 뿐 아니라, 자기계발의 역할도 하고 있어서 즐거움과 행복을 가져다준다고 여긴다. 그가 제시하는 방법은 자기계발학 대가들의 방법과 유사해 보이며 비교적 간단하고 쉽게 느껴진다. 하지만 이 둘은 본질적으로 다른 특징을 가진다.

샤하르 교수는 말했다. "긍정 심리학은 여러분의 삶을 행복으로 충만하게 만들어줄 것입니다. 이는 분명히 실현 가능하며, 이미 제 삶에 큰 도움을 주고 있습니다."

하버드 대학 신문에 실린 긍정 심리학 수강생들의 후기를 보면 그의 말이 사실임을 알 수 있다.

━━━ "샤하르 교수님은 다른 심리학 교수님들과는 아주 달랐어요. 자신의 삶 속에서 묻어나는 심리학 이론을 직접적으로 보여주셨죠."

"강의를 듣고 '감사 일기'를 쓰면서 매사에 감사하는 삶을 살게 되었어요."

"강의를 듣기 전에는 '명상'이 뭔지도 몰랐어요. 명상을 시작하면서 불안했던 마음이 가라앉는 놀라운 경험을 하게 되었어요."

"저를 비롯해 긍정 심리학 강의를 들은 학생들은 모두 하버드 최고의 강의라고 인정해요. 한 친구는 긍정 심리학을 통해 문제를 바라보는 새로운 시선을 가지게 되었고, 행복에 대한 생각도 완전히 달라지게 됐어요."

샤하르 교수의 조교들도 그의 '행복 강의'를 듣게 되면서부터 몸과 마음이 편안해졌다고 말했다. "음식 습관, 수면 상태, 인간관계가 모두 개선되었고, 제가 나아갈 인생의 방향도 찾은 것 같아요. 정말 엄청난 변화죠." 어떤 조교는 이렇게 말했다. "이 강의의 출석률은 95%가 넘어요. 더 신기한 것은 강의를 들은 학생들이 모두 승승장구한다는 사실이에요."

이러한 변화는 분명 긍정 심리학을 들은 학생들에게 공통적으로 나타난 결과이다. 이 책을 읽는 독자들도 직접 변해가는 기쁨을 느껴보길 바란다!

마지막으로 다시 한 번 샤하르 교수님께 감사드리며, 이 책으로 인해 더 많은 사람이 행복해질 수 있길 희망한다.

사람들은 습관적으로 '도대체 뭐가 부족한 거지? 내 약점은 뭘까?
어떤 부분이 모자란 거지?' 하면서 자신의 약점과 부족한 면에만 집중하며
부정적인 질문을 던진다.
하지만 긍정 심리학은 단점보다는 장점에, 먼 미래보다는 지금의 현실에 집중하며
당장의 삶을 긍정으로 바꿀 수 있는 것을 찾아낸다.

1

행복을 연구하는 학문
긍정 심리학

심리학으로
삶에 특별함을
선물하라

강의실을 넘어 세상으로 간
행복의 기운

"긍정 심리학은 제게 엄청난 영향을 끼쳤어요. 긍정 심리학 덕분에 삶이 더욱 즐거워졌고, 지금까지도 즐거운 하루하루를 보내고 있답니다. 그래서 긍정 심리학을 많은 사람에게 알리기로 결심했어요."

샤하르 교수는 첫 강의에 앞서 긍정 심리학을 가르치게 된 이유를 설명했다.

1992년에 샤하르 교수는 하버드 대학의 컴퓨터 학과에 입학했다. 학업이나 서클 활동, 운동에서 두각을 드러냈지만 모든 게 즐겁지 않았다. 이유를 알 수 없던 그는 철학과 심리학에서 해답을 구하기로 결심했고, 기나긴 노력 끝에 긍정 심리학 분야에서 원하던 해답을 찾았다.

통계에 따르면 미국의 200여 개의 고등학교에서 긍정 심리학 과목이 개설되었고, 대부분의 대학에서 가장 인기 있는 강의가 되었다. 또한 리더십 훈련 프로그램에 긍정 심리학을 도입하는 기관도 점차 늘어나고 있으며, 심지어 초등학교에서도 긍정 심리학을 소개하고 있다. 세계 각국 정부에서 이 새로운 영역에 관심을 보이는 이유는 무엇일까? 그것은 긍정 심리학이 아주 효과적인 결과를 보여주었기 때문이다.

긍정 심리학은 성공 비법과 결혼생활을 잘 유지하는 비결, 훌륭한 직장인이 되는 법을 강조하는 등 자기계발서와 매우 유사해 보인다. 강의를 막 듣기 시작한 학생들은 이 둘을 쉽게 혼동하기도 하지만, 과학적인 방법의 유무에 따라 근본적인 차이가 난다. 자기계발서는 '행복해지기 위해 알아야 할 다섯 가지 방법', '성공하기 위한 세 가지 비법', '성공과 행복한 삶을 위한 비밀' 등처럼 과장해서 표현하고 쉽게 단정 짓는 경향이 강하다.

자기계발서를 읽은 사람들은 짧은 시간 안에 위로를 받지만 그리 오래 가지 않는다. 또 긍정 심리학 영역에서 많은 경험과 데이터 분석을 통해 증명된 효과적인 규칙과 원리를 아는 사람도 거의 없다.

한 연구 결과에 따르면 학술 논문의 평균 열람 횟수는 7회에 불과하며 이는 정말 안타까운 일이 아닐 수 없다. 샤하르 교수는 '행복 강의'가 상아탑과 대중을 잇는 다리가 되길 바라는 마음으로 강의를 개설했다. 현재 그의 강의는 다리 역할을 매우 효과적으로 수행하고 있다. 전통 심리학에 비하면 '행복 강의'는 사람들에게 진정한 행복을 선사하고 있다!

샤하르 교수는 학생들에게 강의를 듣고, 필기를 하고, 논문을 쓰는 것 외에도 교실에서 배운 내용을 자신의 삶 속에 활용해 보라고 가르친다. "제가 강의를 하는 이유는 내용이 흥미롭거나 여러분이 열심히 들어주기 때문이 아니라 실제로 활용해 볼 가치가 충분하기 때문입니다."

긍정적인 면에 집중하라

인본주의 심리학자 에이브러햄 매슬로Abraham H. Maslow는 말했다.

"심리학은 긍정적인 연구보다 부정적인 연구가 훨씬 많다. 이는 우리에게 인간의 단점과 결점, 잘못이 무엇인지 알려줄 뿐, 인간의 잠재력과 장점, 희망이나 정신세계에 대해서는 거의 이야기하지 않는다. 심리학은 어둡고 부정적인 것에 대한 연구로 한계에 부딪혔다."

2000년에 사회학자 데이비드 마이어스David Myers는 '부정적인 연구'와 '긍정적인 연구'의 비율을 조사했다. 1967년에서 2000년까지(긍정 심리학의 형성기) 발표된 심리학 논문을 비교해 보았다. 이중 분노에 대한 논문은 5,584편, 절망에 대한 논문은 54,040편이었고, 기쁨에 대한 논문은 515편, 행복에 대한 논문은 2,000편, 삶 만족도에 대한 논문은 2,300편에 불과했다.

연구 결과에 따르면 부정적인 심리와 긍정적인 심리에 관한 논문의 비율은 21:1이다. 과거 심리학자들은 주로 우울, 초조, 정신분열, 신경쇠약 등 부정적인 면에 초점을 맞춰 연구를 진행했으나 부정적인 면은 줄어들지 않았고 오히려 빠르게 증가했다.

심리학자들은 20세기 40년대 말부터 소외계층을 연구하기 시작했고 도시의 소외된 청소년에 대한 연구에 점점 더 많은 자금(공적자금, 대학자금, 자선기금)을 투자했다. 그들은 쉽게 퇴학, 범죄자, 미혼모의 길로 들어섰다. 심리학자들은 다음과 같은 질문을 던졌다. "실패와 좌절을 겪으며 문제에 휘말리는 학생들이 왜 이렇게 많은 걸까?" 좋은 동기에서 연구를 시작한 심리학자들이 많은 시간과 노력을 투자했지만 상황은 점점 더 나빠졌다. 이는 양자역학의 불확정성 원리가 증명하듯 아무리 객관적인 태도로 미시세계를 관찰한다 해도 관찰자가 관찰 결과에 영향을 미칠 수밖에 없는 것과 같다. 인류가 어떤 문제에 의문을 제기할 때마다 사회는 그 방향으로 발전해 간다. 그렇다면 시선을 긍정적인 면으로 돌리지 않는 이유는 무엇일까?

샤하르 교수는 부정적인 심리에 관한 연구도 중요하지만, 긍정적인 심리에 관한 연구에 더 관심을 기울여야 한다는 결론을 내렸다. 이제 심리학의 연구 방향을 전환할 때가 온 것이다.

행복을
연구하는 학문

긍정 심리학은 1998년에 미국 심리학학회 회장 마틴 셀리그먼 Martin Seligman이 정식으로 언급하면서 등장했다. 그는 세 가지 연구 방향을 제시했다.

첫째, 주관적인 행복감을 중심으로 한 긍정적인 정서 체험이다. 이는 주관적이고 긍정적 정서를 경험하는 것으로, 주관적인 행복감, 과거에 대한 만족감, 낙관주의, 쾌락 등이 포함된다.

둘째, 긍정적인 인격과 긍정적인 심리상태를 형성한다. 사랑과 일에 대한 능력, 용기, 인간관계 스킬, 심미적 경험, 관용, 창의력 등이 포함된다.

셋째, 개인적인 경험과 긍정적인 사고, 사회 환경을 하나로 연결한다. 건강한 가정, 양호한 관계를 바탕으로 한 지역사회, 효율적인 학교, 책임감 있는 언론 등이 포함된다.

'긍정 심리학'이라는 명칭만 봐도 어렵지 않게 이 학문의 연구 방향과 특징을 파악할 수 있다. 긍정 심리학은 '인간의 밝은 면과 긍정적인 정서, 미덕을 발전시키고, 더 큰 행복과 만족을 얻을 수 있도록 돕는 것'을 목적으로 하며, 여기에서 사용된 방법은 이미 효과가 입증되었다.

샤하르 교수는 '긍정 심리학은 사람들을 더 행복하게 만들어주는 학문이며, 학생들이 긍정 심리학 원리를 이용해 스스로 반성하고 사고하고 실천함으로써 행복으로 가는 길을 찾는 데 목적이 있다'고 했다. 따라서 이미 행복한 학생이든, 절망에 빠진 학생이든 상관없이 긍정 심리학이 그들을 변화시킬 것이라고 생각했다.

샤하르 교수의 '긍정 심리학'은 모두가 진정한 행복이란 무엇인지 깨닫고 더 행복해질 수 있도록 돕는다.

긍정 심리학이
가지고 온
'긍정'의 에너지

단점보다 장점에
주목하라

1940년대 말, 심리학자들은 미국 내(일반적으로 사람들이 말하는 도시 빈민촌) 위기아동에 대한 연구를 실시했다. 이런 환경에서 성장한 아이들은 사회 경쟁에서 뒤처지며 마약 중독, 성범죄 등 열악한 환경에 노출되기 쉽고, 범죄조직에 가입하는 비율이 높았다. 심리학자들은 많은 자금과 노력을 투자해 연구를 진행했지만 그로 인한 변화는 미미했고, 심지어 일부는 상황이 더 악화되는 결과를 초래했다.

1980년대에 이르러 심리학자 안토노프스키Antonovsky, 엘런 랭어Ellen Langer, 엘리스 아이센Alice Isen 등의 노력으로 심리학 연구의 패러다임이 변하기 시작했다. 인생의 가장 불행한 순간을 보상해주는 일에 초점을 맞추던 연구 방향이 즐겁고 행복한 순간을 만드는 일로 전환된 것이다. 심리학자들은 열악하고 위험한 환경 속에서도 성공의 길을 걸어간 아이들에게 주목했다. 그들은 무엇을 어떻게 한 것일까? 그들이 성공할 수 있었던 이유는 무엇일까?

긍정 심리학자들은 긍정적인 질문으로 이루어진 연구와 토론을 하기 시작했다. 그 결과, 성공한 아이들이 모두 뛰어난 두뇌와 성격을 타고난 것은 아니며, 평범한 성격을 가진 보통의 아이들이었다는 사실이 밝혀졌다. 그들과 성공하지 못한 아이들의 차이는 아이큐가 아니라 심리상태에 있었다. 성공한 아이들은 다음과 같은 공통된 특징을 가지고 있었다.

1. 대부분 낙관주의자이며, 아무리 힘든 역경 속에서도 '좋아, 이번엔 성공하지 못했지만 다음엔 반드시 성공할 거야. 중요한 것은 이를 통해 많은 것을 배웠다는 거야'라며 긍정적으로 생각했다.

2. 삶에 의미를 부여했다. 삶에 대한 믿음이 강했고 인생은 의미 있는 것이라 생각했다. 생명의 가치를 중요시하고 자기만의 신념이 있었으며 그 신념을 지키기 위해 노력했다.

3. 사회에 도움을 주는 삶을 살았다. 기꺼이 다른 사람들을 도왔고 그런 과정을 통해 타인으로부터 인정받고 자신의 가치를 실현했다.

4. 적극적으로 목표를 세우고 미래를 설계할 줄 알았다. 문제가 발생하면 운이 없다는 생각에 머물지 않고, 5년 후나 10년 후의 목표에 집중했다.

5. 롤모델을 가지고 있었다. 선생님, 가족, 친구, 역사적인 위인 또는 소설 속의 인물 등 롤모델을 가지고 있었다. 롤모델은 그들에게 나아갈 방향을 제시하고 행동할 수 있는 원동력이 되었다.

6. 모든 일을 혼자서 해결하려 하지 않고 효과적인 사회지원을 모색할 줄 알았다.

7. 단점이 아니라 장점에 집중했다. 자신의 단점을 소홀히 하지도 않았지만, 장점을 정확히 파악하고 효과적으로 발전시킬 줄 알았다.

결론적으로 아이들은 적응력이 매우 뛰어났다. 이 연구는 인식의 변화가 얼마나 중요한지를 보여준다.

빈민촌 아이들의 탈선을 막고 싶다면 그들의 삶에 끼어들어

간섭하고 잔소리를 늘어놓을 게 아니라 장점을 충분히 발휘할 수 있도록 도와야 한다. 이는 궁극적으로 긍정 심리학의 목표이기도 하다. 행복을 추구하는 과정에서 많은 사람이 눈앞에 있는 행복을 찾지 못하는 이유는 자신이 가진 장점을 무시하기 때문이다.

사람들은 습관적으로 이런 질문을 던진다. '도대체 뭐가 부족한 거지? 내 약점은 뭘까? 어떤 부분이 모자란 거지?' 이처럼 자신의 약점과 부족한 면에만 집중하고, 장점과 잘하는 것에는 관심이 없다. 만약 자신의 장점을 끝까지 발견하지 못한다면 그것은 영원히 사라지고 말 것이다.

긍정 심리학은 우리가 장점을 발견하고 충분히 발휘할 수 있도록 도우며, 삶에 변화를 가져다줄 수 있는 학문이다. 샤하르 교수는 자신이 존경하는 마바 콜린스Marva Collins 교수의 이야기를 한 예로 들었다. 샤하르가 좋은 교수가 되어야겠다고 결심하게 한 사람이 바로 콜린스 교수다.

━━━ 1936년, 미국 앨라배마 주에서 태어난 콜린스의 아버지는 아프리카계 미국인이고 어머니는 인디언이었다. 그녀가 태어났을 때는 사회적으로 인종차별 분위기가 고조되었을 시기였

는데, 다행히 그녀의 아버지는 딸이 장차 훌륭한 사람이 될 것이라 믿고 최고의 교육환경을 제공했다.

성인이 된 콜린스는 아버지의 바람대로 유능한 비서가 되었다. 비서로 몇 년간 일하며 직장에서 좋은 성과를 거두었지만, 그녀는 항상 일이 자신과 잘 맞지 않는다는 생각이 들었다. 그녀는 가르치는 일을 하고 싶었다.

남는 시간을 이용해 야간학교에 다닌 콜린스는 몇 년 후 교사 자격증을 따는 데 성공했다. 그녀와 남편은 시카고로 이사를 갔고 콜린스는 한 공립학교에서 교편을 잡게 되었다. 그녀가 맞닥뜨린 상황은 범죄와 마약에 찌든 학생들과 희망을 찾아보기 힘든 현실이었다. 하지만 콜린스는 상황은 충분히 변할 수 있다고 믿었다. 그녀는 학생들에게 끊임없이 말했다. "나는 너희를 믿어. 너희는 할 수 있어. 성공할 수 있고, 자신의 삶을 책임질 수 있게 될 거야. 그러니 원망하는 일은 이제 그만해. 정부를 원망하고, 선생님을 원망하고, 부모를 원망하는 것을 멈춰. 성공은 바로 너희들 자신에게 달려있단다."

그녀는 학생들에게 희망을 불어넣었고 장점과 잘하는 일이 무엇인지 찾아내 그것을 발전시킬 수 있게 도왔다. 그리고 드디어 기적이 일어났다. 그녀가 가르친 학생이 모두가 인정하는 우등생이 된 것이다.

훗날, 콜린스는 유언비어와 중상모략으로 학교를 떠나게 되어 열악한 환경에서 작은 학교를 세웠다. 막 문을 연 학교에는 학생이 고작 네 명밖에 없었고, 그나마 둘은 그녀의 아이들이었다. 그렇지만 학생 수는 나날이 증가했다. 학생들 대부분은 다른 학교에서 가르치기를 포기한 아이들이었다. 학부모들은 자녀를 콜린스의 학교로 보내면서도 큰 기대를 하지 않았다. 단지 거리를 떠돌거나, 마약 중독, 범죄에서 멀어지는 것만으로도 만족했다. 콜린스는 넓은 마음으로 아이들을 받아들였고, 인내심을 가지고 학생들을 격려했다. 그녀의 노력은 부모조차 '구제불능'으로 생각했던 아이들에게 기적적인 변화를 가져다주었다. 아이들 모두가 고등학교와 대학에 입학하고 사회의 인재로 거듭난 것이다.

콜린스가 성공할 수 있었던 이유는 긍정 심리학을 잘 이용할 줄 알았기 때문이다. 그녀는 잘못을 저지른 아이들에게 긍정적인 단어 100개로 자신의 장점을 묘사하고 단어를 알파벳 순서대로 나열하라는 숙제를 내주었다.

학생들이 숙제를 해내면서 자신의 잠재력에 대해 생각하는 시간을 가질 수 있도록 고려한 것이다. 학생들은 숙제가 끝나갈 때쯤 자신이 얼마나 많은 장점을 가지고 있는지 깨달았고 '내가 왜 잘못을 저질렀지? 정말 그러지 말아야 했어'라며 반성하게 되었다. 그렇게 벌을 받은 학생들은 긍정적인 암시를 받았고, 자신의 가치를 생각해보게 되면서 점차 자신감을 얻었다.

샤하르는 콜린스의 저서 《마바 콜린스의 길(Marva Collins' Way)》을 추천하며 "가르치는 일을 하고 싶은 사람이 반드시 읽어야 할 책, 리더가 되고 싶은 사람이 반드시 읽어야 할 책, 부모가 되었거나 앞으로 부모가 될 사람들이 반드시 읽어야 할 책"이라고 강조했다. 이 책에서 콜린스는 자신의 소중한 교육 경험을 소개한다. 그녀는 아이들에게 열심히 공부하라고 당부할 때 자신도 열심히 공부하는 모습을 보여주는 좋은 본보기였다. 또한 아이들의 잠재력을 발견할 줄 알았으며, 그들을 칭찬하고, 믿고, 존중했다.

샤하르 교수는 말했다. "교육의 핵심은 학생들에게 얼마나 많은 지식을 알고 있는지 묻는 게 아니라 어떤 장점을 가지고 있는지 묻는 것입니다. 학생의 장점을 발견하면 반드시 칭찬해주세요. 칭찬은 학생의 장점이 더 크게 만들어 줄 것입니다."

올바른
질문을 하라

정확한 질문을 하는 것은 아주 중요하다. 샤하르 교수도 "교육에서 문제에 집중하는 것은 대단히 중요하다"고 말한다. '정확한 질문'이란 긍정적인 면에서 올바른 질문을 제기하는 것을 의미한다. 이는 직장이나 일상생활에서도 마찬가지다.

"우리가 긍정 심리학을 연구하는 이유 중 하나는 21:1의 불행과 행복의 비율을 바꾸는 데 있다. 이 비율을 바꾸기 위해서는 정확한 질문을 하는 법을 배워야 한다. 연구 중에 문제를 제기하든, 자신이나 동료에게 문제를 제기하든 올바른 질문을 하는 것이 중요하다."

사람들은 습관적으로 묻는다. "문제의 원인은 무엇일까? 왜난 실패하는 거지? 열악한 환경에서 자란 아이들이 안 좋은 길을 선택하게 되는 이유는 무엇일까?" 하지만 이런 질문에만 집중하다 보면 중요한 부분을 놓치게 될 것이다. 샤하르 교수의 강의는 많은 질문으로 이루어져 있다. 그의 강의를 듣고도 정확하게 질문하는 법을 배우지 못했다면 강의를 제대로 들었다고 할 수 없다.

샤하르 교수는 습관적, 비판적, 부정적인 질문제기 방식을 타파하고, 스스로 곤란하게 하거나 자신을 부정하는 식의 질문 방식에서 탈피하고자 했다. 부정적인 질문밖에 존재하지 않는다면 행복한 삶은 영원히 못 찾을지도 모른다.

긍정 심리학은 성공한 사람을 보면서 "나는 왜 성공하지 못했을까?"라고 물을 게 아니라, "그가 지금의 성공을 거둘 수 있었던 이유는 무엇일까?", "어떻게 성공할 수 있었을까?"를 물어야 한다고 가르친다.

콜린스는 다음과 같은 방법을 사용했다.

━━━ 그녀는 부모조차 포기한 아이들을 만났을 때 '어떻게 아이들을 학교에 묶어두고 수업을 받게 할까? 거리의 불량한 무리와 어울리지 않고 마약과 범죄에서 멀어지게 할 방법은 없을까?'라고 생각하지 않았다.

'어떻게 해야 아이들 마음속에 있는 위대한 씨앗을 키울 수 있을까?'라는 질문에 답을 찾으려고 했다.

그녀는 모든 아이들 마음속에 '위대한 씨앗'이 있다고 믿었고 그들 각자의 장점과 미덕을 발견했다. 다른 선생님들이 '위대한 씨앗'을 보지 못한 이유는 정확한 질문을 하지 않았기 때문이며, 그랬기 때문에 올바른 해답도 얻지 못했다.

만약 위대한 씨앗을 보지 못하고 충분한 햇빛과 물을 공급하지 않으면 말라서 죽어버릴 것이다. 인간의 잠재력도 마찬가지다. 그것을 잘 키우지 않으면 생명을 피우지 못하고 영원히 사라져 버린다. 지금도 많은 이가 잠재력에 정확한 질문을 하지 못해 소멸되고 있다.

직장에서든 일상생활에서든 올바른 질문을 할 줄 아는 것은 아주 유용하며 큰 도움이 된다.

긍정적인
태도를 키워라

긍정 심리학은 어떻게 사람들을 행복하게 할 것인가와 어떻게 부정적인 정서를 없앨 것인가에 초점을 맞춘다. 예컨대 우울증 환자에게는 우울과 불안에서 벗어날 수 있도록 긍정적인 생각을 심어준다. 그러면 우울한 감정에 집착하던 환자는 긍정적인 생각을 키우는 데 집중하고 점차 발전적이고 즐거운 태도로 자신의 문제를 바라보게 된다.

내부 환경, 즉 자신에 대한 이해와 세계관 등은 한 사람의 행복을 결정하는 매우 중요한 요소이다. 물질적인 요구를 만족한 상황에서 풍요로운 금전은 더 이상 인간의 행복감을 높여주지 못하며, 긍정적이고 발전적인 사람일수록 더 큰 행복감을 느낀다.

긍정적인 심리와 건강한 신체는 밀접한 관계이며 이는 퍼모나 대학교(Pomona College)의 수잔 톰슨Suzanne Thompson 교수의 연구가 증명한다. 그녀는 캘리포니아에서 발생한 화재로 보금자리를 잃은 재해민들을 대상으로 연구를 진행했다. 수잔 톰슨 교수는 화재를 겪은 재해민들을 긍정적인 그룹과 부정적인 그룹 두 개로 나누었다.

긍정적인 사람들은 말했다.

"이런 천재지변을 겪어도 좋은 점이 분명히 있어요. 화재 덕분에 저는 새로운 출발선에 서게 되었어요.", "가족들이 모두 무사해서 정말 다행이에요. 이번에 가족의 소중함을 깨달았어요."

반면에 부정적인 사람들은 이렇게 말했다.

"전 모든 것을 잃었어요. 앞으로 어떻게 살아가야 할지 정말 막막해요.", "화재가 가족의 목숨을 앗아갔어요. 제가 살아남았다는 사실은 아무런 의미가 없어요."

톰슨은 이 두 그룹을 오랫동안 추적 조사한 결과 긍정적인 사람이 부정적인 사람보다 더 건강하고, 우울증을 앓게 될 확률이 낮았으며, 행복감을 더 많이 느꼈다.

"긍정적인 심리는 유전적인 요소의 영향을 받지만 선천적이 아니더라도 후천적으로 충분히 계발할 수 있습니다"라고 샤하르 교수는 강조했다.

미국의 심리학자 나다니엘 브랜든Nathaniel Branden의 일화를 예로 들어보자.

▬▬▬ 어느 날 24세의 로렌스라는 젊은 여성이 심리치료를 위해 브랜든을 찾아왔다. 그녀는 천사같이 순수한 외모와 달리 거리에서 마약과 매춘으로 살아갔다.

"처음에 그녀를 만났을 때 그녀의 모든 것이 마음에 들지 않았지만, 마음속으로는 그래도 애정을 가지고 있었어요. 타락하고 망가졌어도 외모가 아주 출중한 사람이었으니까요. 저는 최면술을 사용해서 그녀의 중학교 시절로 돌아가 어떤 아이였는지 알아봤어요."

"어릴 때 그녀는 아주 영리한 아이였지만 급우들의 질투를 받을까 두려워 겉으로 드러내지 못했죠. 체육 시간에 남학생들보다 강한 모습을 보인 로렌스는 조롱거리가 되었고, 그녀의 오빠까지도 반감을 드러냈어요. 저는 최면요법을 꾸준히 사용했고 크게 호전된 그녀는 제게 이런 편지를 남겼어요. '선생님, 저를 믿어주셔서 감사합니다. 선생님은 저를 나쁘게 여기지 않은 유일한 분이에요! 제 아픔을 함께 느끼며 긍정적인 면을 봐주셨어요. 저는 선생님을 통해 삶의 희망을 되찾았고 진정한 삶의 가치를 깨달았어요.'"

일 년 반 후에 로렌스는 미국 UCLA 대학에 입학했다. 기자가 된 그녀는 결혼을 했고 그로부터 10여 년쯤 시간이 흘렀다. 그러던 어느 날 두 사람은 거리에서 우연히 만났다. 브랜든은 처음에 그녀를 알아보지 못했다. 화려한 옷차림에 우아한 몸짓의 그녀에게서 과거의 모습은 찾아보기 힘들었다. 로렌스는 그때 이렇게 말했다.

"선생님은 저를 긍정적인 사람으로 바꾸어 놓았고, 그것만 생각하도록 주문을 걸었죠. 그때부터였어요. 제 삶이 긍정적으로 변하기 시작했어요. 덕분에 대학에 들어가고 좋은 직업도 가질 수 있었어요. 정말 감사해요!"

완벽해져야 한다는 강박에서 벗어나 있는 그대로의 모습을 바라보고 인정하는 일은 쉽지 않다. 그러니 맑은 정신으로 활기찬 하루하루를 보내고 끊임없이 도전하는 삶을 살아야 한다. 이

것은 긍정적인 태도가 바탕이 되어야 가능하며 꾸준한 연습이
필요하다.

긍정적인 사람은 '인간은 본질적으로 아픔을 가진 존재이며
현재의 실패와 고통은 모두 지나가기 마련이다'라고 생각한다.
긍정적인 면에 주목하면 아무리 고통스러운 일이라도 지속되지
는 않는다. 오프라 윈프리Oprah Winfrey는 말했다. "당신의 관심을
좋아하는 모든 것으로 확장시키세요. 그러면 좋은 일이 더 많아
질 거예요. 기회, 사랑, 심지어 돈까지도 굴러들어올지 모르죠."
이것이 바로 《시크릿(The Secret)》에서 이야기하는 '끌어당김의 법
칙'이다.

건강한 몸과
마음을 가꿔라

전통적인 심리학자들은 우울과 불안 등과 같은 부정적인 감정
에서 벗어나면 행복해질 것이라고 생각했지만, 사실은 불가능하
다. 샤하르 교수는 이를 맛있는 음식과 소화불량의 관계로 설명
했다. 소화불량에 걸리면 음식을 잘 먹을 수 없다. 하지만 소화
가 잘 된다고 해서 반드시 맛있는 음식을 즐길 수 있을 거라는

보장도 없다. 소화불량이라는 요소만 제거한다고 문제가 해결되지는 않는다는 사실이다. 마찬가지로 불쾌한 감정을 찾아내고 그것을 단순히 없앤다고 해서 기분이 저절로 좋아지는 것은 아니다.

사람의 감정변화를 하나의 연속체로 본다면 한쪽에는 신경질, 초조함, 우울함 등의 부정적인 정서가 존재하고, 다른 한쪽에는 행복, 만족감, 흥분 등의 긍정적인 정서가 있다. 긍정 심리학은 바로 이런 긍정적인 정서에 주목한다. 이는 부정적인 정서를 무시하는 게 아니라 긍정적인 시각으로 다시 바라보는 것을 뜻한다.

정신분석학자 지그문트 프로이트Sigmund Freud는 '편안한 무감각 상태(Comfortably Numb)'에 대해 이야기했다. 이런 '편안한 무감각 상태'에서 벗어나기 위해서는 반드시 즐거움과 행복과 같은 감정을 최대한 끌어올려야 하는데, 이것이 바로 긍정 심리학이 강조하는 '건강한 심신 모형'이다.

건강한 심신 모형은 우리가 능력을 키우고, 자신의 장점을 극대화하고, 인간관계를 개선할 것을 강조한다. 그리고 인생의 의미 있는 일을 찾고 열정적으로 할 수 있도록 돕는다.

샤하르 교수는 이것이야말로 우리가 집중해야 할 일이며, 이는 동시에 부정적인 요소를 극복할 수 있게 도와준다고 했다.

성공하기 위해서는 자신의 단점을 극복해야 한다고 생각하는 사람이 많다. 하지만 샤하르 교수는 이 말이 틀렸다고 주장한다. 심리학 연구에서도 증명되었듯이 성공한 사람들은 자신의 단점뿐 아니라 장점에 더 집중했다.

행복은 요행이나 선물이 아닌 실천의 산물이다.
삶을 바라보는 시선을 바꾸고 행복의 기준을 끌어올리며 소소한 기쁨을 발견하고
유머로 무장하는 것에서 시작된다.
마음의 자리를 기쁨과 감사에 두고 부정적인 습관보다 긍정적인 습관을 가지려
연습하는 것이 필요하다.
그리고 그 연습이 몸에 배이도록 끊임없이 자극하고 접촉해야만 한다.

2

—

긍정적인 삶의
다섯 가지 관점

—

긍정적인 삶의 출발선

작은 변화로
큰 행복을
시작하라

행복 기준선을
올려라

처음 이 과목을 선택했을 때는 샤하르 교수에게 행복해지는 방법을 배우고 싶었다. 그런데 이제는 행복이란 외부의 힘에 의해 실현될 수 있는 목표가 아니라는 사실을 깨달았다. 강의를 듣기 전에는 자기계발류의 서적과 영화를 많이 보았다. 물론 당시에는 그것만으로도 큰 위로가 되었다. 하지만 시간이 흐르면 어느새 원점으로 돌아와 있는 자신을 발견하는 일이 반복되었다.

나는 샤하르 교수에게서 해답을 얻었다. 그에 따르면 사람은 누구나 '행복 기준선'을 가지고 있으며 행복감은 언제나 이 기준선 근처를 왔다 갔다 한다. 과거보다 더 행복해지고 싶다면 반드시 이 '행복 기준선'을 높여야 한다.

행복감이 기준선 근처에서 오르락내리락하는 모습은 주변에서 쉽게 찾아볼 수 있다. 예를 들어, 10억짜리 로또에 당첨되면 한 달 정도는 극도의 흥분과 기쁨을 주체하지 못하지만 6개월쯤 지나면 다시 처음으로 돌아가 있다. 마찬가지로 심각한 좌절을 겪은 사람도 처음 한 달 정도는 고통에 몸부림치며 괴로워하지만, 6개월쯤 지나면 어느새 평소대로 돌아가 있다. 사랑하는 가족을 잃은 사람도 일정한 시간이 지나면 불행해지기 전의 상태로 돌아가 평범한 일상을 보낸다.

과거를 돌이켜 보면 누구나 그런 경험을 가지고 있다. 큰 기쁨이나 큰 슬픔을 겪은 뒤에 시간이 흐르면 다시 일상으로 돌아온다. 평소 아주 쾌활한 사람이었다면 불행한 사건을 겪은 뒤에 다시 쾌활한 사람으로 돌아가고, 우울한 성격이었다면 큰 기쁨을 얻은 뒤에 다시 우울한 사람으로 돌아간다. 의식주와 같은 기본적인 욕구가 만족된 상태라면 외부 환경은 더 이상 행복에 영향을 미치지 않는다. 높은 연봉을 받거나, 꿈에 그리던 대학의 합격 통지서를 받거나, 최고의 회사에 취직하더라도 우리가 생각했던 것만큼의 행복감을 가져다주지는 않을 것이다.

샤하르 교수는 자신의 일화를 들려주었다.

━━━━━ 나는 16살 때 이슬람 전국 스쿼시 대회에 출전해 우승을 차지했고 그 경험은 내게 행복이란 무엇인지 깨닫게 해주었다. 나는 우승만 하면 큰 기쁨과 함께 오랫동안 마음속을 차지했던 공허함이 사라질 거라고 생각했다. 5년 동안 훈련에 매달리며 중요한 무언가가 사라져 간다는 느낌이 들었다. 최선을 다해 운동하고 용기를 주는 글들을 보며 스스로 위로해 보아도 내면의 공허함은 채워지지 않았다. 언제나 답답하고 우울한 감정에 휩싸였지만 이런 공허함도 채워질 날이 올 것이라고 믿었다. 분명한 것은 육체적으로, 정신적으로 모두 강해져야 한다는 사실이었다. 우승하면 성취감과 충만함을 느낄 것이고, 그러면 행복해질 것이라고 믿어 의심치 않았다.

마침내 원하던 우승을 하자 미친 듯한 희열과 기쁨으로 가득해졌다. 가족과 친구들의 축하 인사가 쏟아질 때는 그야말로 날아갈 듯이 좋았다. 그때만큼은 오랜 준비 기간 동안 나를 움직였던 믿음이 옳았다는 데에 한 치의 의심도 하지 않았다. 우승하면 기쁨과 행복이 올 거라는 믿음이었다. 고된 훈련을 끝낸 후 심신의 고통도 보상을 받는 것 같아 보람을 느꼈다.

그런데 그날 잠들기 전 침대에 앉아 무한한 기쁨을 다시 음미하려고 할 때, 문득 승리의 기쁨이 자취도 없이 사라졌다는 게 느껴졌다. 갑자기 공허함이 밀려오면서 아득함과 두려움 속에서 하염없이 눈물이 흘렀다. 방금 전까지 흘렸던 기쁨의 눈물이 고통의 눈물로 변했다. 완벽하다고 생각한 순간에도 행복하지 못하는데, 도대체 어디서 인생의 행복을 찾아야 할지 막막해졌다. 나는 잠시 신경이 예민해져서 그런 거라고 자신을 타일렀다. 하지만 며칠이 지나도 다시 행복해지지 않았고, 오히려 공허함만이 가슴을 무겁게 짓눌렀다. 우승 자체가 내게 행복을 가져다주지 않는다는 사실을 서서히 깨달았다. 내가 믿고 의지했던 논리가 철저히 깨지자 어떻게 해야 할지 갈피를 잡을 수 없었다.

샤하르 교수는 힘들게 노력해서 원하던 목표를 달성하고도 행복을 느끼지 못했다. 그렇다고 기대치를 낮춘다고 행복해질까? 그렇지 않다. 시험에서 백점을 받고 싶은데(샤하르 교수의 경험에 따르면 백점을 받더라도 그것이 엄청난 행복을 가져다주지는 않는다) '자신의 기대를 달성해서 물거품이 되지 않도록' 하기 위해 '그래, 60점만 받아도 만족할 거야'라고 다짐했다고 치자. 시험 결과 70점을 받았다고 해서 정말 행복해질 수 있을까? 아마 그렇지 않을 것이다.

행복은 가격처럼 시장의 수요-공급 관계가 변함에 따라 오르락내리락한다. 하지만 평범한 돌멩이는 아무리 가격이 올라도 다이아몬드가 될 수 없다. 다시 말해 자신의 행복 기준선은 스스로 느끼는 행복이 어떤 범주에 속하는지에 따라 결정된다. 따라서 우리는 자신을 더 행복하게 만들기 위해 행복 기준선을 상향조정해야 한다. 샤하르 교수는 말했다. "행복에 대한 기대치를 높이라는 말이 아니라, 인생을 더 깊이 느끼라는 말이다."

행복의 기준선을 올리기 위해서는 어떻게 해야 할까?

첫째, 삶에 정면으로 맞서고 자신을 위기의 중심으로 몰아넣는다. 그러면 행복 기준선은 오르락내리락하겠지만 전반적인 기본선은 오를 것이다. 최소한 직선이나 평행선을 그리지는 않을 것이다.

둘째, 성공을 상상한다. 인간의 뇌는 진짜 사물과 상상 속의 사물을 구분하지 못한다. 머릿속에서 성공한 모습을 반복적으로 생각하면 뇌는 그 방향으로 우리를 이끌어 갈 것이며, 결국에는 외부 사건과 내부의 상상력이 일치하게 된다.

셋째, 인지치료법을 사용한다. 생각은 감정을 낳는다. 예를 들어, 외부에서 사건이 발생하면 우리는 그 사건을 인지한 후에 사건을 평가하고 생각하며, 이런 생각은 감정을 불러일으킨다. 인지치료에서는 감정을 변화시키기 위해 먼저 생각을 바꾸는 일부터 시작한다. 생각이 바뀌면 감정도 바뀌기 때문이다. 이러면 행복 기준선도 조금씩 올라갈 것이다.

작은 변화가 큰 행복을 가져온다

변화는 행복 강의의 출발점이다. 모든 것은 변화에서부터 시작하기 때문이다. 샤하르 교수의 강의를 다 듣고도 아무런 변화가 일어나지 않았다면 정말 안타까운 일이다.

변화를 방해하는 장애물에는 무엇이 있을까?

자신에게 불만을 느끼고 변하고 싶다는 생각을 하거나 나아가 구체적인 계획을 세워보지만 실천하지 못한 경험은 누구나 있을 것이다. 왜 그런 걸까?

이것은 변화에 대한 잘못된 인식을 가지고 있기 때문이다. 사람들은 변화에 필요한 시간과 노력을 낭비라고 생각하고, 인생에 어떤 변화를 가져올 수 있는지에 대해서는 신경 쓰지 않는다. 이는 의지력에 대한 불신과 작은 변화를 소홀히 생각하는 데서 비롯된다.

샤하르 교수는 강의 중 학생들에게 귀여운 아이들이 웃는 동

영상을 보여주었다. 웃는 아이들을 본 학생들은 한두 명씩 웃기 시작했고 얼마 지나지 않아 그 자리에 있던 모든 학생이 웃었다. "자, 이것이 바로 작은 변화의 힘입니다." 세 사람이 웃으면 다른 세 사람을 웃게 하고 그 사람들이 또 다른 세 사람을 웃게 만들어 점점 웃음이 퍼져나가면 전 세계 사람들이 웃게 되는 것이다.

다음은 나비효과에 대한 이야기다.

━━━ 나비효과는 기상학자 에드워드 로렌츠Edward Norton Lorenz가 1963년 처음 제시한 개념이다. 아마존강 열대 정글에 사는 나비의 우연한 몸짓이 2주 뒤 미국 텍사스 주에 폭풍우를 일으킨다는 이론이다.

나비효과가 발생하는 이유는 다음과 같다. 나비의 날갯짓이 주변 공기를 바꾸고 작은 기류를 일으키면 이것이 다시 공기에 미세한 변화를 일으킨다. 이런 연쇄반응이 결국 거대한 변화를 만들어내는 것이다.

나비효과는 초기 값의 미미한 변화가 막대한 차이를 만들어낼 수 있다는 사실을 입증한다. 사회학적으로 보면 작은 동기가 일정한 노력을 거쳐 제대로 된 방향으로 발전하면 엄청난 효과를 발휘한다. '혁명'도 나비효과로 인한 결과로 볼 수 있다.

종이 한 장을 접고 또 접어서 마흔한 번까지 접으면 두께가 얼마나 될까? 냉장고 높이쯤? 아니면 일층 건물의 높이라고 대답할 사람도 있을 것이다. 그 두께는 놀랍게도 '지구에서 달까지의 거리'다.

작은 변화는 우리에게 정말 큰 행복을 가져다줄 수 있다. 미국의 유명한 작가 헬렌 켈러Helen Keller의 일화는 작은 변화의 의미를 일깨워준다.

━━━ 헬렌은 어릴 때 큰 병을 앓아 두 눈을 실명하고 훗날 청력을 잃고 말까지 할 수 없게 되었다. 아무것도 듣지도, 보지도, 말하지도 못하는 아이가 글을 읽고 쓰는 것을 배우기란 거의 불가능에 가까웠다. 그녀는 평생 소리도 색도 없는 세상에 살아야 했지만, 앤 설리번Anne Sullivan은 그녀의 인생에 큰 변화를 몰고 왔다.

일곱 살 때 헬렌의 아버지는 앤을 가정교사로 초청했다. 그때부터 앤은 헬렌을 한 번도 포기한 적이 없었다. 그녀는 헬렌의 손에 인형을 쥐여주며 손바닥에 반복해서 인형이라는 글자를 써주어 헬렌은 단어의 뜻을 익히는 데 성공했고, 그때를 시점으로 글을 배우게 되었다.

헬렌이 인형이라는 단어를 알게 되면서 그녀의 삶이 변하기 시작했고, 그 작은 변화는 커다란 결과를 가져왔다. 훗날 헬렌은 세계적으로 명성을 떨치는 인물로 성공할 수 있었다.

변화의 기적은 말처럼 간단하지 않지만, 지금 불가능해 보이는 목표라 할지라도 포기하지 않고 작은 노력을 쌓아 간다면 어느새 목표에 가까이 다가갈 수 있을 것이다.

우리는 종종 작은 변화가 가져다줄 수 있는 영향력을 과소평가한다. '천리 길도 한 걸음부터'라는 옛말도 있지 않은가! 작은 변화가 큰 행복을 가져다줄 수 있음을 명심하자.

인지, 감정, 행동의 상호작용

인지(Cognition), 감정(Affect), 행동(Behavior)은 인간의 마음을 구성하는 가장 중요한 체계이다. 인지는 어떤 사건이나 사물에 대한 견해를 뜻한다.

사회란 무서운 전쟁터이고, 회사 사장은 하나같이 탐욕덩어리에 불과하다고 생각하는 것이 그렇다. 감정은 객관적인 사물에 대한 자신의 태도로 기쁨, 분노, 슬픔, 공포, 사랑, 원한 등을 의미한다. 행동이란 일상생활에서 표출되는 모든 활동을 가리킨다. 이 세 가지 체계는 상호작용과 제약을 통해 행복의 정도를 결정한다.

샤하르 교수는 인지, 감정, 행동의 3요소를 변화의 ABC 이론이라고 불렀다.

인지는 우리가 사건을 받아들이는 방식을 결정하며 목표와 일치하는 사건을 하도록 부추긴다. 예를 들면 친구와의 관계를 유지하고, 체력을 단련하고, 여가 시간에 취미를 배우거나 어떤 문제를 해결하는 것이다. 이와 반면에 잘못된 인지는 좌절과 실패를 초래한다. 직장생활을 충실히 수행하지 않고, 사랑하는 사람에게 상처를 주며, 자신을 고독하게 만들거나 건강을 돌보지 않는다. 다시 말해 인지는 유익한 행동을 불러오기도 하지만 잘못된 행동을 유발하기도 한다.

비관주의자는 세상을 부정적으로 인지하며 무슨 일이든 비관적으로 생각한다. 심지어 비관적인 정도가 나날이 심화되기도 한다. 낙관주의자는 정반대로 어떤 상황에서도 모든 것을 긍정적으로 생각한다. 따라서 부정적이고 왜곡된 인지를 포기한다면 역경 속에서도 행복을 느낄 수 있을 것이다.

한 학생이 샤하르 교수에게 물었다. "대학생들의 봉사활동에 관한 의식을 높이려면 어떻게 해야 하나요?" 이에 그는 명확한 해답을 제시했다. 봉사활동에 대한 학교와 사회의 인식을 변화시키는 게 중요하다. 봉사활동을 의무가 아니라 많은 혜택을 가져다주는 것으로 받아들이게 하는 것이다. 봉사활동을 하면 좋은 점이 많은 게 사실이다. 봉사활동을 혜택이라 생각하면 즐겁게 참여하는 사람들이 나날이 증가할 것이다.

감정은 마음으로 하는 체험이다. 사람은 누구나 기쁨, 슬픔, 흥분, 격분, 당황, 감격, 혐오, 희열 등의 감정을 가지고 있으며, 이러한 감정은 인지를 결정한다. 어느 순간 느끼게 되는 희열이나 실망, 우울함이 인지와 정보를 결정한다. 우리는 대부분 기분이 좋거나 나쁘다. 기분 나쁜 상태에서 벗어나기 위해 기분이 좋아지는 경험을 원하며, 이런 욕망은 행동을 자극한다.

인지는 감정과 행동에 영향을 미치고 행동도 인지에 영향을 미칠 수 있다. 따라서 일단 변화하기로 마음먹었다면 즉시 행동으로 옮겨야 한다. 마음속으로 항상 행동할 때를 기다리기만 한다면 우유부단한 상태에서 벗어나지 못한다. 하지만 행동으로 옮기면 설사 억지로 부추기는 것이라 해도 그런 행동을 통해 감정의 변화를 이끌어 낼 수 있다.

머리로 ABC 이론의 상호작용을 이해했다 해도 행동으로 옮기는 속도가 너무 느리면 큰 효과를 거둘 수 없다. 태도가 바뀌었다 해도, 행동 습관이 바뀌지 않으면 사고는 제자리에 머무를 수밖에 없기 때문이다. 즉각적인 행동의 변화를 원한다면 감사 표현하기, 편지 쓰기, 운동 등을 병행해야 한다.

ABC 이론은 각각의 요소가 밀접하게 관련되어 있다. 자기비하가 심한 사람은 자신을 낮게 인지(C)하며, 종종 절망감과 무력감이라는 감정(A)에 빠져서 결국 아무런 행동(B)도 하지 않는다. 행동은 인지에 영향을 주고, 인지는 감정에 영향을 끼치며, 감정은 다시 행동에 영향을 미치는 악성순환이 이루어지면서 자포자기에 이른다. 하지만 자존감이 강한 사람은 정반대로 양성순환을 형성한다.

인지와 감정, 행동의 악성순환에서 벗어나기 위해서는 ABC 각 요소에 직접 간섭해야 한다. 사회 공포증 환자를 치료하기 위해 약물치료나 명상을 통한 감정의 변화를 일으킬 수도 있으며, 인지행동치료를 통해 행동을 변화시키고 사람들과의 정상적인 교류를 이끌 수도 있다. 인지요법에서 인지의 변화를 통해 행동을 변화시킬 수도 있다.

샤하르 교수는 쉽게 우울해지는 성격이었다. 우울증을 치료하고 싶은 마음에 긍정 심리학을 공부하기 시작했고 서서히 변해가는 자신을 발견했다. 일기를 쓰며 그날의 기분을 분석하고 심리장애에 관한 정보를 수집하며 마음공부를 하기 시작했다. 달리기, 요가 등의 운동은 우울증을 완화시켜 주었고, 가벼운 음악도 기분전환에 큰 역할을 했다. 그리고 긍정 심리학을 전문적으로 가르치기 위해 많은 사람과 교류했고 마침내 대중 앞에 서서 강의를 하게 되었다.

지속적인 노력으로 그의 우울증은 크게 개선되었고 지금은 양성순환의 궤도로 들어섰다.

영감은
과정의 산물

영감은 빠르게 변하는 인지 방식이다. 일을 훌륭히 완수할 수 있도록 도와주며 창의적이고 행복한 삶으로 인도한다. 일반적으로 영감은 문학이나 예술 창작활동에 주로 활용된다. 유명 작가들이 작품을 쓸 때 영감을 어떻게 활용했는지에 관한 일화는 아주 많다. 일본의 유명한 기고가 잔게츠殘月에 관한 이야기를 예로 들어보자.

━━━━━ 잔게츠는 영감을 찾기 위해 묘지를 찾는 독특한 방법을 사용했다. 그는 루쉰魯迅, 갈릴레이Galileo Galilei, 괴테Johann Wolfgang Goethe, 오드리 헵번Audrey Hepburn 등 주로 오래 전에 죽은 자들의 묘지를 찾았다.

청소년기 그는 마음에 깊은 상처를 입고 지친 현실에서 벗어나기 위해 문학과 음악에 몰두했다. 고전문학과 클래식 음악에 심취되었던 열아홉 살 때 우연히 《죄와 벌》을 읽고 러시아 대문호 도스토옙스키Dostoevskii의 묘지를 찾아간 그는 이상한 느낌을 받았다. "도스토옙스키 묘지 앞에 서 있는데 그의 작품이 살아 움직이는 기분이 들었어요. 제게 이야기를 들려주는 것 같았죠."

그때부터 잔게츠는 세계 유명 인사들의 묘지를 순례하기 시작했다. 그의 기이한 행동은 인생을 변화시켰다. 영혼의 위로를 받았을 뿐 아니라 사업적으로도 큰 성공을 안겨다 주었다.

샤하르 교수는 영감은 '무無'에서 나오는 게 아니라 과정의 산물이라고 강조했다. 영감을 얻기 위해서는 다섯 가지 단계를 거쳐야 한다.

1. 준비단계

최근 연구에 따르면 한 분야의 전문가가 되려면 적어도 10년 이상 끊임없이 배우고 경험을 쌓아야 한다. 독일의 다니엘 레비튼 Daniel Levitin 박사는 말했다. "작곡가, 농구선수, 소설가, 스케이트 선수, 피아니스트, 바둑 기사든 전문 절도범이든 1만 시간의 노력을 하면, 즉 매일 3시간씩 또는 일주일에 20시간씩 꾸준히 10년간 노력하면 전문가가 될 수 있다."

빌 게이츠 Bill Gates가 성공할 수 있었던 이유는 그가 컴퓨터 프로그램 설계 분야에 충분한 시간을 투자했기 때문이다. 그는 회사를 창업하기 전에 이미 컴퓨터 프로그래밍에 1만 시간을 노력했다.

2. 숙성단계

충분한 준비단계를 거친 뒤에는 영감을 숙성시킬 시간이 필요하다. 목욕할 때 좋은 아이디어가 떠오르는 것은 우연의 일치가 아니다. 아르키메데스 Archimedes는 욕조에서 목욕을 즐기다가 원주율을 발견하고 '유레카'를 외쳤다. 모차르트 Wolfgang Amadeus Mozart는 드라이브를 하면서 악보의 영감을 얻었다. 샤워를 하든 드라이브를 하든 영감이 숙성될 시간은 반드시 필요하다.

영감이 숙성되는 과정이 바로 창의력이 발휘되는 과정이다. 요즘 창의력을 키우기 위해 따로 시간을 투자하는 사람은 거의 없다. 눈에 보이지도 만질 수도 없는 창의력을 위해 시간을 할애하는 것 자체가 낭비라고 여기기 때문이다. 숙성을 위해 한 곳에 종일 앉아 있다고 해서 아무것도 하지 않는다고 생각할지 모르겠지만, 뇌는 끊임없이 움직이고 있다.

숙성단계에서 잠재의식은 정보를 종합하게 되는데, 이 과정에서 창의력이 배양되고 영감이 출현한다. 따라서 숙성은 창조의 시간이며, 영감을 얻기 위해 반드시 거쳐야 하는 과정이다.

3. 평가단계

머릿속에 생각이 우후죽순 떠오르기 시작하면 평가단계로 진입한다. 과연 실행 가능한지, 중복되는 건 아닌지 잘 따져보아야 한다. 영감이 떠오르면 '이것은 좋은 아이디어인가?', '과연 실행할 수 있을까?'라는 질문을 던져본다.

4. 행동단계

심사숙고가 끝나면 바로 행동으로 옮긴다. 악보를 쓰거나 규칙을 만들어내거나 사업계획을 써내려간다.

5. 검사단계

행동의 결과를 종합하여 무엇이 좋았고, 나빴는지 분석하고 장단점을 파악하여 문제점을 해결한다.

이상의 다섯 가지 단계가 절대적인 것은 아니다. 논문을 쓴다면 먼저 준비과정을 통해 계획을 세우고, 글을 작성하고, 휴식을 취한다. 그러다가 좋은 생각이 떠오르면 다시 준비를 하고 쓰기를 반복할 수도 있다. 이런 과정에서 우리는 다음과 같은 깨달음을 얻을 수 있다.

첫째, 무슨 일을 하든 지름길은 없다. 예술가나 과학자는 하루아침에 되는 게 아니다. 어떤 분야의 전문가가 되고 싶다면 준비과정을 소홀히 해서는 안 된다. 준비과정이 길수록 성공할 가능성은 높아진다. 성공의 비결은 상상력이 아니라 성실함과 열정에 달려 있다.

둘째, 충분히 생각할 시간을 가진다. 숙성에는 반드시 시간이 필요하다. 대부분 사람이 생각하고 반성하는 데 시간을 할애하지 않으려 하지만 영감은 기나긴 숙성과정을 통해 얻을 수 있는 결과다.

셋째, 영감에 대한 평가를 중시한다. 머릿속에 떠오르는 생각으로 넘쳐난다 해도 모두 실현할 수 있는 것은 아니다. 그러니 생각이 떠오르면 평가를 통해 선별하고 행동으로 실천한다.

샤하르 교수는 자신의 이야기를 들려주었다. "저는 강의를 하기 전에 항상 꼼꼼히 준비하는 편이며 관련 자료나 논문을 읽고 다른 교수들에게 자문을 구합니다. 그러다 보면 문득문득 좋은 아이디어가 떠오를 때가 있는데 바로 '영적 교감의 순간'이죠. 그러면 바로 아이디어에 대한 평가를 하고 주변 사람들에게 의견을 구합니다. 실행 가능한 것이면 즉시 준비해서 강의안을 작성하고 강의실에 들어가기 전까지 세부적인 내용을 보완합니다. 그야말로 완벽한 창작과정이라고 할 수 있죠."

변화의
시작과 끝

행동으로 실천할 줄 아는 사람은 그렇지 않은 사람보다 더 큰 행복감을 느낄 수 있다. 많은 사람이 행동의 중요성을 잘 알고도 자제력이 부족해 중도에 포기한다. 행동으로 실천하기가 이렇게 어려운 이유는 무엇일까?

샤하르 교수는 말했다. "하루아침에 자제력이 생기지도 않거

니와 그런다고 해서 바로 행복해질 거라는 생각은 버리세요. 자제력이 성공을 결정하는 핵심 요소는 아닙니다."

저명한 사회심리학자 로이 바우마이스터Roy Baumeister의 일화를 살펴보자.

━━━━ 그는 실험 참가자들을 두 그룹으로 나누고 실험 전에 대기실에서 10분 동안 기다리게 했다. 첫 번째 그룹의 대기실에는 달콤한 초콜릿 파이를 두고 피실험자들에게 먹지 말라고 당부했다. 10분 뒤 자제력 테스트를 한 결과 수치가 현저히 낮게 나왔다.

두 번째 그룹의 대기실에는 초콜릿 파이보다는 당도가 떨어지는 사탕을 두고 첫 번째 그룹과 마찬가지로 먹지 말라고 당부했다. 10분 뒤 자제력 테스트를 진행한 결과 첫 번째 그룹보다 훨씬 높은 수치를 기록했다.

샤하르 교수는 실험의 비밀을 알려주었다. 자제력은 종속변수이고, 피실험자 개개인의 자제력은 한계가 정해져 있었다. 이 실험에서 첫 번째 그룹은 실험 전 달콤한 초콜릿 파이를 보고 많은 자제력을 사용했다. 두 번째 그룹은 그에 비해 덜 맛있어 보이는 사탕을 보았고 첫 번째 그룹에 비해 적은 자제력을 사용했다. 따라서 두 번째 그룹의 자제력이 더 높게 나타난 것이다.

대부분의 사람은 충분한 자제력을 가지고 있다고 생각하지만 사실은 그렇지 않다. 이는 인간의 본성과 관련 있다. 샤하르 교수는 자제력은 쾌락과 성공에서 아주 중요한 역할을 하며, 아주 적은 자제력만 있어도 충분하다고 강조했다. 자제력은 좋은 습관을 키우는 데 이용할 수 있다.

샤하르 교수는 자신의 경험을 들려주었다. 스쿼시 선수였던 그는 뛰어난 자제력으로 주변의 칭찬을 듣곤 했다. 그는 자제력보다 습관이 중요하다고 생각했다. 초콜릿 파이에 대한 자제력이 제로에 가까웠던 그가 스쿼시를 오랫동안 할 수 있었던 이유도 바로 습관 덕분이다. 그는 아주 어릴 때부터 매일 아침 조깅을 하고 등교를 했다. 수업이 끝나면 코치와 함께 훈련을 하고 경기를 뛴 다음 다시 체육관으로 갔다. 그리고 체육관에서 운동을 마치고 집으로 돌아오면 숙제를 하는 생활을 반복했다. 이런 습관은 자제력과 관계없이 그를 움직이게 했다.

미국의 베스트셀러 작가 짐 로허Jim Loehr는 말했다. "자율성을 키우는 것보다 습관을 만드는 게 더 중요하다."

역사적인 인물들은 모두 습관을 가지고 있었다. 그중에서 독일 철학자 칸트의 일화는 아주 유명하다. 그는 아주 규칙적인 삶을 살았다. 산책을 시작하고 끝내는 일, 공부를 하고, 밥을 먹는 일 등 모든 일을 정확한 시간에 맞춰 처리했다. 이웃들은 칸트의 행동을 보고 시간을 알 수 있을 정도였다. 이처럼 칸트는 정확하게 시간을 나누고 습관적으로 행동하는 사람이었다. 그에게는 또 다른 재능이 있었는데 바로 날씨를 예측하는 것이다. 그가 우산을 들고 나가면 해가 쨍쨍했던 날에도 반드시 비가 내렸다. 이웃들은 칸트가 우산을 들고 나오면 함께 우산을 챙겼고, 그가 우산을 들고 있지 않으면 안심하고 외출을 했다. 칸트는 아주 정확하고 규칙적인 생체 시계를 가지고 있었다.

습관을 유지하는 데는 많은 자제력이 필요하지 않지만, 처음 습관을 들이는 데는 비교적 많은 자제력이 요구된다. 인간은 원래 습성으로 돌아가려는 경향이 강하기 때문이다. 평소 습관대로 가슴 앞에서 팔짱을 껴보고 난 뒤에 다시 방향을 바꿔서 팔짱을 껴보자. 기분이 어떤가? 이상한 느낌이 드는가? 계속 어색하고 다시 원래대로 방향을 바꾸고 싶어질 것이다. 이것이 바로 습관이다.

샤하르 교수는 자신의 경험을 예로 들었다.

■■■■■■ 대학교 2학년 때 스쿼시에 한계를 느낀 나는 스쿼시를 그만두기로 한 날짜만 손꼽아 기다렸다. 학업에 전념하기로 마음먹었더니 스쿼시를 계속 한다는 게 시간 낭비처럼 느껴졌다. 마지막 경기를 치르고 마침내 스쿼시를 손에서 놓게 되었다. 하지만 시간이 지나도 학업성적은 크게 오르지 않았다. 왜 그런 걸까? 원인은 습관에 있었다. 스쿼시를 할 때는 정해진 시간에 습관적으로 일을 처리했다. 계획대로 스쿼시 훈련을 하고 공부를 했기 때문에 효율도 높았다. 스쿼시를 그만두면서 오랜 습관을 포기하고 새로운 습관을 기르려니 생체 시계가 혼란을 느낀 것이다. 그러니 뭘 하든 능률이 오르지 않았다.

그의 경험은 습관이 얼마나 중요한지 보여준다. 새로운 습관은 변화를 뜻한다. 새로운 습관을 키우기 위해서는 어떻게 해야 할까? 가장 좋은 방법은 결심한 즉시 망설이지 말고 행동으로 옮기는 것이다. 처음에는 어렵겠지만 21일에서 30일 정도 계속하면 새로운 습관이 자리를 잡고 아침에 일어나 세수를 하는 것처럼 자연스러워진다. 새로운 습관을 키우기 위한 두 가지 방법을 소개한다.

첫째, 정확한 목표를 세우고 정신을 집중한다. 가장 중요한 것은 자신을 믿고 원하는 결과를 상상해보는 것이다. 그러면 용기가 생기고 습관이 안정적으로 자리 잡을 수 있다.

둘째, 계획을 구체화시키고 끝까지 마무리한다. 그러면 자신의 사고를 새로운 단계로 끌어올릴 수 있다.

일기 쓰기에서
시작된 변화

일기 쓰기는 부정적인 감정을 해소하고, 즐거운 기분이 들도록 도와줄 수 있는 가장 효과적인 수단이다. 샤하르 교수는 일기 쓰기에 관한 두 가지 실험을 소개했다.

━━━ 첫 번째는 심리학자 제임스 페니베이커James Pennebaker의 실험이다. 그는 실험 참가자들에게 7일간 매일 15분씩 익명으로 가장 고통스러웠던 경험에 대해 쓰게 했다. 그리고 문법이나 어휘에 신경 쓰지 말고 당시의 심정과 현재의 생각에 대해서 쓰라고 요구했다. 어떤 내용이든지 상관없고 자신의 인생에 깊은 영향을 준 경험이나 이제까지 다른 사람에게 한 번도 말하지 못했던 이야기면 더 좋다고 덧붙였다. 7일 동안 같은 내용을 쓰

던 매일 다른 이야기를 쓰던 그것은 참가자가 결정했다.

이 실험에서 제임스는 피실험자들에게 구체적으로 요구했다. '고통스러웠던 사건에 대한 느낌'에서는 감정을 묘사하고, '고통스러운 기억에 대한 서술'에서는 당시 행동을 묘사하며, '사건에 대한 분석'은 그 사건을 어떻게 인지하는지를 묘사하라고 주문했다.

제임스의 요구대로 일기를 쓴 참가자들은 4일째부터 불안감이 증가했다. 그러다가 6일째 다시 떨어지기 시작했고 일부는 최초의 불안감보다 더 낮은 수치를 기록했고 오랫동안 안정세를 유지했다. 참가자들은 면역력이 향상되고 점점 낙관적인 태도를 가지게 되었다. 매일 15분씩 6일간 소모한 시간은 다 합쳐도 1시간 30분에 불과한데 그로 인한 효과는 평생 지속됐다.

두 번째는 로라 킹Laura King의 실험이다. 그녀는 실험 참가자들에게 3일 동안 매일 15분씩 가장 즐거웠던 사건에 대해 기록하게 했다. 연애 이야기든 좋아하는 책이나 음악에 관한 이야기든 상관없이 인생에서 잊을 수 없는 순간에 대해 쓰라고 요구했다. 그 중 하나를 골라서 당시의 감정으로 돌아가 최대한 자세히 서술하는 것이다. 로라의 실험은 제임스의 실험과 정반대였지만 뜻밖에도 결과는 같았다. 실험 참가자들의 심리적, 생물학적 면역력은 크게 증가했고 쾌락지수도 훨씬 상승했다.

이런 결과가 나온 이유는 무엇일까? 샤하르 교수는 고통과 즐거움이 모두 하나의 신경 통로를 사용하기 때문이라고 했다. 고통을 느낄 수 없으면 즐거움도 느끼지 못한다!

즐거운 일을 겪으면 신경 통로가 강해지며, 즐거웠던 당시를 회상하는 것만으로도 같은 효과가 나타난다. 강물의 유량이 커지면 수로도 넓어지고 더 많은 물이 유입되는 것과 같다. 그렇다면 왜 고통스러웠던 기억도 같은 결과를 가져오는 걸까? 감정은 억제한다고 쉽게 해소되는 게 아니며, 자주 발산할수록 고통에서 해방된다. 이것이 바로 심리 요법과 일기 쓰기의 기능이다.

일기 쓰기, 특히 고통스러웠던 일들을 기록하면 이해력과 사고력이 강화된다. 그러면 고통스러운 일에 대한 인지가 변하면서 심리상태가 한 단계 더 승화된다.

일기 쓰기의 또 다른 장점은 기억력이 좋아진다는 점이다.

실험 참가자들은 일기를 쓰면서 흩어졌던 기억을 하나의 이야기로 만들어 앞뒤를 연결하고 그 안에서 깨달음을 얻었다. 서로 관련 없는 100개의 문장으로 나눠져 있으면 기억하기 힘들지만 꼬리에 꼬리를 무는 문장으로 이어진 이야기는 더 많은 기억을 끄집어낸다. 인생을 하나의 이야기로 엮을 수 있다면 더 많은 것을 느끼고 깨달을 수 있을 것이다.

제임스는 말했다. "이 세상은 알 수 없는 것과 모호한 것들로 가득하다. 인간의 불안은 사건의 무결성과 트라우마 간의 인과관계를 이해할 수 없기 때문에 나타난다. 따라서 사건의 무결성과 의미를 이해한다면 자신의 삶을 제어하고 예측할 수 있을 것이다."

나치 수용소에서 살아남은 자들이 베트남전 참전용사들보다 트라우마로 고통받는 비율이 더 낮은 이유는 무엇일까? 나치 수용소 생존자들은 경험은 비록 처참했지만 하나의 이야기로 변형되었고, 참전용사들은 살아남기 위한 단편적인 모습만 기억하기 때문이다.

변화에 관한 다섯 가지 주의사항

1. 변하지 않는 것이 있다는 사실을 받아들여라

변화는 인생을 더 빛나게 해주는 예술에 비유할 수 있다. 한 예술가는 말했다. "인간은 항상 더 나은 삶을 위해 끊임없이 노력하는 존재다. 그림을 그리고 작품을 조각하는 것도 의미 있는 일이지만, 세상을 바라보는 시선을 바꾸는 일은 더 큰 의미가 있다."

세상에는 변할 필요가 없거나, 변하지 않는 것들도 있다. 예를 들면 인간은 누구나 불안을 느낀다. 이는 자연스러운 현상이며, 본능에 가깝다. 완벽주의자든 불안증 환자든 불안을 완전히 제거하기란 불가능하다. 따라서 그러한 사실을 받아들이는 법을 배워야 한다.

2. 자신을 부정하지 마라

"난 못해.", "안 할래." 입버릇처럼 이런 말을 하는 사람들이 많다. 샤하르 교수는 말했다. "부정적인 생각에서 벗어나세요. 일을 하기도 전에 자신을 부정할 필요는 없습니다."

"난 못해", "안 할래"라는 말을 입에 달고 사는 것은 부정적인 암시를 하는 것과 같다. 무의식은 자신이 명령한 대로 움직인다.

오랫동안 부정적인 명령을 받은 무의식은 우울해지거나 의기소침한 상태로 변한다. 이런 사람들은 타인에게 무시당할지 모른다는 두려움 때문에 사람들과의 만남을 피하고 숨기 바쁘다. 그들은 친구가 거의 없고 쉽게 자기연민에 빠지며, 자책감과 자기비하가 심해 삶이 즐겁지가 않다.

'난 아무것도 안 하는 게 나아'라는 생각은 자신에게 보이지 않는 족쇄를 씌우는 것과 같다. 자기비하는 가슴에 말뚝을 박은 것처럼 자신의 가치를 끌어내리고 외부와의 연결을 가로막는다. 자신을 믿는다면 깊이 박힌 말뚝을 뽑아내고 긍정적인 시선으로 외부세계를 바라보아야 한다.

오늘부터 매일 자신의 장점을 열 가지씩 쓰고 큰 소리로 읽어보자. 꾸준히 하면 서서히 자신감을 회복할 수 있을 것이다.

3. 자신에게 스트레스를 주지 마라

인생 전반기에 열심히 달려 앞서나간 사람들은 후반기에는 행복이 기다리고 있을 거라고 생각한다. 하지만 이는 큰 착각에 불과하다. '분주하게 움직이는 형'은 매 순간 스트레스에 시달린다. 스트레스는 양날의 칼과 같아서 성공의 길을 열어주기도 하지만 행복을 파괴하기도 한다.

고대 그리스 철학자는 말했다. "인간이 괴로운 이유는 문제 자체가 아니라, 문제에 대한 그들의 견해 때문이다."

인간은 사회적인 동물이기 때문에 스트레스에서 완전히 자유로울 수는 없으며, 어느 정도 스트레스를 받는 것은 정상적인 범주에 속한다. 스트레스가 하나도 없다고 해서 행복한 삶을 사는 것은 아니며, 정해진 양의 스트레스를 모두 받았다고 나중에 행복해지는 것도 아니다. 행복은 미래에 있는 게 아니라, 바로 현재진행형이라는 사실을 명심하자.

4. 편안해지려면 우선 불편해져라

심리학에는 안전지대라는 개념이 있는데, 안전을 느낄 수 있는 환경이나 상황을 의미한다. 예컨대 집이나 익숙한 친구와의 만남 등이 그렇다. 반대로 불안과 스트레스를 주는 상황도 있다. 큰 무대에서의 연설이나 낯선 사람과의 어색한 대화가 그렇다.

인간은 본능적으로 편안해지길 원하며 긴장과 스트레스에서 벗어나려 한다. 언제나 안전지대에 머물러 있다면 행복 기준선도 제자리걸음을 반복할 것이다. 행복 기준선을 올리고 더 행복해지기 위해서는 안전지대를 확대할 필요가 있다. 이제까지 낯선 이성과 대화를 나눠본 적이 없다면 생각만 해도 엄청난 긴장감과 두려움이 몰려올 것이다.

약간의 용기만 있다면 충분히 극복할 수 있다. 그렇게 안전지대를 확장할 수 있다.

인간의 성장 과정은 안전지대가 끊임없이 확대되는 과정이다. 도전하는 삶을 선택하면 새로운 것에 대한 긴장과 두려움이 점차 사라지고 편안함이 그 자리를 메우게 된다. 불편하고 긴장되더라도 반드시 해야 할 일이라면 피하지 말고 맞서는 법을 배워야 한다. 항상 원하는 일만 하며 살 수는 없다. 하지만 정면으로 돌파한다면 행복 기준선이 올라갈 것이고, 도망친다면 영원히 정해진 테두리 안에 갇혀 제자리를 맴돌 것이다.

샤하르 교수는 말했다. "하루에 하나씩 불편하다고 생각되는 일을 해보세요. 일 년이 지나고 나면 즐거운 일들로 가득한 삶을 살고 있을 거예요."

5. 지나친 변화를 피해라

안전지대가 확장되면 연장지대(Stretch Zone)와 공황지대(Stress Zone)로 진입한다. 현대 심리학에서는 안전지대, 연장지대, 공황지대를 외부 세계를 인지할 수 있는 3단계로 본다. 처음에는 습관을 바꾸고 안전지대를 벗어나 연장지대와 공황지대로 진입하여 새로운 습관을 키운 뒤 새로운 안전지대를 형성한다. 이렇게 순환관계가 형성되면 행복감도 나날이 증가한다.

연장지대가 확대되면 변화에 유리해진다. 안전지대가 꽁꽁 언 얼음이라면 연장지대는 흐르는 물과 같고 공황지대는 끓는 물과 같아서 쉽게 솟아오르며 통제가 되지 않는다.

이상적인 변화를 위해서는 연장지대를 서서히 확장하는 작업이 필요하며, 지나친 변화는 좋지 않다. 수많은 대중 앞에서 연설을 해야 한다면 아주 긴장될 것이다. 이럴 때는 바로 대중 앞에 서는 것보다 친구나 가족들 앞에서 연습하며 조금씩 변화를 주는 것이 효과적이다.

긍정적인 삶의 기초

견고한 신념이
자아실현을
이끈다

신념은
자아실현의 예언

신념은 인지, 감정, 의지의 종합체로 일정한 인식을 기반으로 확립된 어떤 생각이나 사건에 대한 굳은 믿음을 가지고 직접 실천하는 태도와 정신 상태를 의미한다. 신념의 힘은 아주 강력하며 우리를 성공으로 이끄는 원동력이 된다. 다음은 신념의 중요성을 설명해주는 좋은 예이다.

▬▬▬ 1954년까지 4분 안에 1마일을 달릴 수 있는 선수는 없었다. 의사와 생물학자들은 인간의 신체적 한계로 인해 4분에 1마일을 달리는 것은 불가능하다고 주장했고, 육상 선수들의 기록도 그들의 말을 증명하는 듯했다. 로저 배니스터Roger Bannister

는 그들의 의견에 반기를 들었다. "4분 안에 1마일을 달리는 것은 가능합니다. 제가 증명해 보이겠습니다." 배니스터는 당시 옥스퍼드 대학의 의학박사이자 촉망받는 육상선수였지만 신기록은 4분 12초에 불과했기에 그를 믿는 사람은 아무도 없었다.

배니스터는 힘든 훈련을 견뎌내며 자신의 기량을 키웠다. 기록은 4분 10초, 4분 5초로 점점 단축되었지만 아무리 노력해도 4분 2초의 벽을 넘지 못했다. 그는 낙담하지 않았다. "인간에게 한계란 없습니다. 저는 반드시 4분의 기록을 넘어서겠습니다." 그의 신념은 견고했고 훈련을 게을리하지 않았다. 한계를 넘어서는 일은 쉽지 않았다. 그러던 1954년 5월 6일, 배니스터는 3분 59초라는 신기록을 세우는 데 성공한다. 그의 성공은 전 세계를 놀라게 했고 각국 신문의 헤드라인을 장식했다. 그로부터 6주 후 호주 육상선수 존 랜디John Landy가 3분 57.9초의 기록을 경신했다. 1955년에는 37명의 선수가 4분 안에 1마일을 뛰는 기적을 보여주었고, 1956년에는 300명이 넘는 선수들이 그 대열에 합류했다.

인생은 오색찬란한 빛으로 가득한 것일까, 아니면 무색무취의 것일까? 희극일까, 비극일까? 그것은 우리가 어떤 신념을 지니고 살고 있는지에 달려 있다.

로저 배니스터가 성공할 수 있었던 이유는 신념을 지니고 있었기 때문이다. 신념은 자아실현의 예언이자, 우리의 행동과 인간관계를 결정한다.

어떤 임무든 반드시 완수하겠다는 신념만 있다면 좋은 결과를 맺을 수 있다. 어떤 약이 자신에게 효과가 있다고 믿는다면 분명히 효력을 발휘할 것이고, 누군가 자신을 도와줄 것이라고 믿는다면 반드시 도움을 받을 것이다. 진심으로 믿으면 인생은 자신이 믿는 방향으로 발전한다.

플라세보 효과에 대해서는 모두 들어 봤을 것이다.

■■■■ 한 대학생이 혼자 사는 할머니를 돌보면서 가사 일을 해주는 일자리를 구했다. 항상 열정적으로 일하던 학생은 강한 책임감으로 할머니의 신임을 얻었다.

어느 늦은 밤 할머니가 학생을 찾아왔다. "귀찮게 해서 정말 미안하네! 내가 먹던 수면제가 다 떨어져서 잠이 안 와서 말일세. 혹시 약 좀 가진 거 있나?" 평소 숙면을 취하는 학생이 수면제를 가지고 있을 턱이 없었지만, 괴로워하는 할머니를 모른 체할 수 없었다. 그러던 찰나 좋은 생각이 떠올랐다. "안 그래도 지난주에 프랑스에서 온 친구가 특효 수면제를 줬는데 어디에 뒀는지 기억이 잘 안 나네요. 먼저 집에 가 계시면 제가 찾아서 가져다 드릴게요."

잠시 후 학생은 비타민을 들고 할머니를 찾아갔다. "아까 말했던 특효 수면제를 가져왔어요. 드시고 나면 바로 숙면을 취할 수 있을 거예요." 할머니는 반가운 기색으로 알약을 받아먹었다.

다음 날 아침 할머니가 말했다. "학생이 준 수면제가 정말 효과가 좋았네. 어제 먹자마자 바로 잠들어 버렸지 뭔가. 정말 개운하게 잘 잤네. 이게 얼마 만인지 모르겠어. 그 약 좀 더 구할 수 있겠나?"

신념은 어떻게 작동하는가? 긍정 심리학에서는 신념과 희망이 사람들에게 어떤 영향을 미치는지를 연구하고 두 개의 메커니즘을 찾아냈다.

첫 번째는 동기(Motivation)다. 동기는 어떤 일을 잘할 수 있을 거라는 믿음이다. 희망이 없다면 쉽게 포기하고 아무것도 하지 않을 것이다. 동기는 일을 시작하기 전에 충분한 자극제가 된다.

두 번째는 일관성이다. 사람들은 저마다 세상은 어때야 하고, 미래에 어떻게 될 것이며, 현재 어떤 모습인지에 대한 모델을 가지고 있다.

우리는 내부적으로 타인과 자신, 자연현상에 대한 기본모델을 가지고 있다. 이 모델에 상응하는 것이 바로 외부세계이며, 현실은 외부세계에서 일어난다. 어떤 물체를 공중에 던지면 바닥으로 떨어진다. 이는 외부세계에서 일어난 사실이므로 기본모델과 아무런 관계가 없다. 인간의 뇌는 내부와 외부세계의 격차를 원하지 않으며 하나로 통일되기를 바란다. 내부세계와 외부세계가 일치하지 않으면 격차가 생기며 불편하거나 불쾌한 감정이 생성된다. 따라서 외부세계를 바꾸던지, 내부세계를 바꾸던지 두 개를 일치시켜야 할 필요가 있다.

견고한 신념은 외부세계와 내재된 기본모델을 일치시키는 역할을 한다. 흔들림 없는 신념은 동기를 강하게 만들고 외부세계를 변하게 하기 때문이다.

타인의 신뢰는
나의 신념을 키운다

주변인의 관심과 믿음은 사람들의 신념을 강화하고 잠재력을 자극한다.

실제 예로 로버트 로젠탈Robert Rosenthal이 1960년에 진행한 학생의 지능지수에 관한 실험을 들 수 있다.

━━━━ 로젠탈은 무작위로 몇 개의 학교를 골라 학생들을 테스트한 뒤 선생님을 찾아갔다. "제자들에게 새로운 학업테스트를 해봤는데 학업 성취도가 크게 향상될 학생들이 눈에 띄었습니다."

이어서 말했다. "결과를 알려드릴 테니 참고만 하시고 공개하지는 말아주세요. 다만 몇몇 학생들은 정말 많은 잠재력을 가지고 있다는 사실을 알려드립니다." 사실 로젠탈이 실시한 새로운 테스트는 평범한 지능지수 테스트였고, 잠재력이 크게 나왔다는 학생들도 무작위로 선별한 보통의 아이들이었다. 그는 타인의 믿음이 개인의 잠재력에 미치는 영향을 살펴보고 싶었다.

학년이 끝날 때 로젠탈은 다시 학교를 방문하고 놀라운 사실을 발견했다. 그가 선생님에게 잠재력이 크다고 지적한 학생들의 영어성적과 수학성적이 크게 향상된 것이다. 그는 전 학생에 대한 지능지수 테스트를 해보았다. 그 결과 잠재력이 크다고 알려준 학생들은 일 년 만에 지능지수가 크게 증가했으며, 오랫동안 증가추세를 유지했다.

학생의 지능지수가 향상된 것은 아이들에 대한 선생님의 신념이 변하면서 일어난 결과이다. 선생님의 관심과 믿음이 그들의 잠재력을 일깨운 것이다.

사람은 남들이 믿고 기대하는 대로 성장한다. 누군가 할 수 있다고 믿거나 해야만 한다고 하는 방향으로 발전하는 것이다. 바로 신념과 믿음의 힘이다.

직장에서도 마찬가지다. 상사가 부하 직원에게 가능성을 인정하며 중요한 보직을 맡기겠다고 하면, 얼마 후 정말 우수한 직원으로 성장해 있다.

■■■■ 1997년에 제미슨Jamison은 이상의 예와 유사한 실험을 했다. 그녀는 두 개의 학급을 동시에 담당하는 선생님을 찾았다. 수업을 하기 전에 A반 학생들에게는 선생님이 예전 학교에서 인기가 많았고, 좋은 평가를 받았다는 칭찬을 했다. B반 학생들에게는 선생님에 대한 아무런 정보도 주지 않았다.

학년이 끝날 때쯤 학생들에게 선생님에 대한 평가를 하게 했는데 그 결과 B반보다 A반이 선생님에게 훨씬 높은 점수를 주었다. A반 학생들은 선생님의 능력을 실제보다 높을 것이라고 믿었기 때문이다. 다시 말해 학생들은 선생님의 잠재력을 보았다.

A반 학생들은 자신의 신념에 '속았다'. 사실 선생님은 더 나은 능력을 보여주지 않았음에도 학생들의 성적은 크게 향상되었다. 그들의 성적이 오른 것은 선생님과 무관했다. 학생들이 선생님에게 큰 기대를 품게 되면서 그들은 선생님을 신뢰했고, 숨어 있던 잠재력이 밖으로 표출된 것이다.

주변에서 잘한다는 믿음과 확신을 받으며 자란 사람은 뭐든지 잘하는 사람이 된다. 이는 심리학 실험에서 수차례 증명되었다. 즉, 스스로 신념을 키우는 것만큼 주변 사람들의 믿음을 키워주는 것도 중요하다. 이는 행복한 삶을 위한 기초를 튼튼히 다지는 일과 같다.

tip 낙관주의자가 되기 위한 세 가지 방법

샤하르 교수는 우리의 신념과 결심이 확고할수록 행복을 얻는 속도가 더욱 빨라질 것이라고 강조했다. 신념을 강화하기 위해서는 어떻게 해야 할까? 또한 자신감을 키우고 낙관적인 태도를 가지려면 어떻게 해야 할까?

하나, 행동하라

알베르트 반두라Albert Bendura의 연구에 따르면, 타인에게 "네가 최고야. 넌 정말 훌륭해"라는 칭찬을 들었을 때 실제 상황과 맞지 않으면 자존감에 큰 상처를 입는다. 근거 없는 말은 스스로에게 하는 암시의 말이든, 타인이 해주는 격려의 말이든 상관없이 모두 부정적인 결과를 초래한다. 장기적으로는 자신감을 떨어뜨리고 현실과 이상의 격차를 크게 벌려놓는다.

우리에게 필요한 것은 행동이지 빈말이 아니며, 매사에 최선을 다하는 자세이다. 자신감을 키우기 위해서는 사물을 정면으로 응시하고 자신을 위험한 상황으로 몰고 갈 줄 알아야 한다. 위기를 극복하기 위해 노력하는 과정에서 자신감과 신념이 더욱 단단해지기 때문이다.

샤하르 교수는 끊임없이 행동하며, 그 안에서 새로운 자아를 발견하고 평가하는 게 중요하다고 말했다. 실패를 딛고 성공을 거둔 사람들은 실패를 두려워하지 않으며, 실패를 통해 많은 깨달음을 얻는다. 이는 긍정적인 심리상태를 형성하는 데도 유리하다.

사물을 정면으로 응시하고 최선을 다할 때 신념과 자신감, 동기가 크게 증가한다. 실패를 피할 수 없다면 도망치지 말고 최선을 다해 행동하는 자세가 필요하다.

둘, 성공을 상상하라

샤하르는 막 교수가 되었을 때 많은 사람 앞에서 강의를 한다는 게 무척 어렵게 느껴졌다. 일에 대한 열정은 충분했지만, 자신감이 부족했고 부정적인 생각도 떨쳐내기 힘들었다.

긍정적인 태도와 자신감을 키우기 위해서는 어떻게 해야 할까? 그는 긍정 심리학에서 해답을 찾았다. 바로 성공한 모습을 상상함으로써 말이다. 이 방법은 동유럽 운동선수들이 스포츠 경기에서 우승한 모습을 상상하며 훈련하던 것에서 처음 시작되었다. 예를 들어 육상 선수는 트랙을 달릴 때 수상대에서 금메달을 목에 건 모습을 상상했다. 우승한 모습을 상상한 선수들의 성적은 그렇지 않은 선수들보다 훨씬 좋았다.

샤하르 교수는 먼저 강의를 위한 충분한 준비를 한 뒤 머릿속으로 학생들 앞에서 유창한 말솜씨로 강의하는 모습을 상상하면서 문제를 극복할 수 있었다. 물론 지금도 사람들 앞에 서면 긴장되고 초조해지지만, 그는 이것을 '건강한 긴장과 초조함'이라고 불렀다.

이 방법에 의문을 제기하는 사람들도 있을 것이다. 성공한 모습을 상상하는 것이 어떻게 효과가 있을까? 인간의 뇌가 실제와 상상을 구분하지 못한다는 사실을 알면 간단하다. 성공한 모습을 상상하고 실제의 모습을 모방하기를 반복하면 뇌에서는 그에 상응하는 반응이 일어나게 된다. 뇌는 외부의 현실과 내부의 상상력을 일치시키기 위해 작동한다. 물론 백 퍼센트 그렇게 된다고 할 수는 없지만 많은 상황에서 비교적 효과적이다.

성공을 상상하는 일은 결과보다 과정을 상상하는 것이 중요하다. 한 심리학 교수의 과학실험을 예로 들어보자.

━━━ 셸리 테일러Shelley Taylor는 연구를 위해 학생을 두 그룹으로 나누었다. A그룹에는 시험에서 A 학점을 받는 상상을 하도록 요구했고, B그룹에는 A 학점을 받는 상상과 도서관에서 공부를 하고 시험 준비를 완벽하게 하는 상상도 함께하도록 요구

했다. A그룹에는 시험 결과만을 상상하게 하고, B그룹에는 시험 준비 과정과 결과를 함께 상상하게 한 것이다.

실험 결과 B그룹이 A그룹보다 훨씬 높은 학점을 받았다.

샤하르 교수도 같은 방법을 사용했다. 그는 강의 전에 항상 학생들 앞에서 열정적이고 편안하게 서 있는 모습을 상상했다. 그리고 진짜 강의가 시작되면 상상했던 감정을 그대로 느꼈다. 지금까지도 그는 강의를 하기 전에 같은 방법을 사용하고 있다.

셋, 인지치료

인지치료는 감정이 생각을 결정한다는 것을 전제로 한다. 사건(Event) 이 발생하면 판단(Evaluation)과정을 통해 감정(Emotion)이 생성되거나 행동이 동반된다. 예를 들어 외부에서 사건이 발생하면 우리는 사건을 감지한 후 평가를 내리고 그에 대한 생각을 거쳐 감정을 불러온다. 사자가 달려든다고 상상해보자. 사자에게 잡아먹힐 거라는 판단을 내리면, 두려움이라는 감정이 생성된다. 그러면 자연스럽게 행동이 유발되고 도망치거나 용감히 사자와 맞서 싸우게 된다.

사람의 감정은 생각과 판단과정을 통해 생성된다. 따라서 감정을 변화시키기 위해서는 생각을 바꿔야 한다. 이것이 바로 인지의 역할이다. 정확하고 긍정적으로 인지하면 발전적인 방향으로 나아갈 것이고, 부정적으로 인지하면 나쁜 결과를 초래할 것이다.

예를 들어보자. A는 시험에 한 번 떨어지자 자신이 멍청하다는 결론을 내렸다. 다시 시험을 치른다 해도 합격할 자신이 없었고, 사람들이 자신을 무시한다는 생각에 괴로웠다. 일시적으로 든 생각이었지만 A에게 부정적인 영향을 미쳤다. 부정적인 생각이 쌓이기 시작하면 마음속에 풀리지 않는 문제로 발전할 가능성이 높다.

이상에서 살펴보았듯이 '사건, 판단, 생각, 감정, 행동'은 하나의 연결된 과정이다. 부정적인 결과를 생각하면 부정적인 감정이 생긴다. 따라서 감정을 변화시키고 싶다면 생각과 판단을 바꿔야 한다. 이때 사건은 통제할 수 없는 요소이다.

인지치료는 다른 심리치료법보다 훨씬 효과적이다. 심리문제의 근본적인 원인이 사물에 대한 잘못된 인지에 있다고 생각하는 사람들이 많다. 심지어 사물의 표면만 보거나 하나의 각도로만 사물을 평가하는데 이는 매우 잘못된 방법이다.

합리적인 인지를 위해서는 어떻게 해야 할까? 샤하르 교수는 3M을 피해야 한다고 강조했다.

첫 번째 M은 확대(Magnify)이다. 인간은 하나의 특수한 사실이나 현상만 보고 확대 해석하여 일반적인 결론을 이끌어내려는 귀납의 본성을 가지고 있다. 하지만 때로는 지나친 확대 해석으로 자신을 괴롭힌다. 시험에 한 번 떨어졌다고 자괴감에 빠진 A의 이야기는 좋은 사례다. 그는 실패를 우연한 결과나 성공을 위한 발판으로 보지 않고 세상이 다 끝난 것처럼 좌절하고 자신을 괴롭혔다.

두 번째 M은 최소화(Minimize)이다. 카렌 라이비치Karen Reivich는 이를 가리켜 '터널시야'라고 불렀다. 샤하르 교수는 자신의 경험을 들려주었다. 그는 대학교 4학년 때 케임브리지 대학(University of Cambridge)의 4대 장학금 중 하나인 존 엘리엇(John Elliot) 장학금을 받았다. 사실 그는 존 하버드(John Harvard) 장학금을 받을 날만 손꼽아 기다렸는데 막상 존 엘리엇 장학금을 받자 크게 실망했으며 전혀 기쁘지 않았다. 존 하버드 장학금을 받지 못한 자신을 탓하며 시간을 보냈다. 그런데 훗날 이 두 장학금이 명칭만 다를 뿐 별 차이가 없다는 사실을 알게 되었다.

세 번째 M은 허구 또는 날조(Make up)이다. 예를 들어 부부싸움을 하고 난 부부는 친구와 만나 상대방 잘못만 늘어놓고, 자신은 하나도 잘못한 게 없다는 듯이 행동한다. 이것은 일종의 허구와 날조의 전형적인 예이다. 싸움을 한 두 사람 모두에게 잘못이 있음을 아는 게 중요하다.

긍정적인 삶의 핵심

사물을
중시하는
시선을 가져라

사물을 긍정적으로 보고
가까이에 있는 행복을 발견하라

행복은 개인의 신분, 사회적인 지위, 통장 잔고 등 외부적인 것이 아니라, 우리가 사물을 바라보는 관점에 달려 있다. 물이 반쯤 담긴 병을 보고도 부족한 것에 관심이 있는 사람은 물이 가득 차 있지 않았다며 실망하지만, 현재 가지고 있는 것에 관심이 있는 사람은 반병의 물을 소유하고 있다며 기뻐한다.

우리는 평소 무엇을 중요하게 생각하는지에 따라 기분과 행동이 달라진다. 왜 그럴까? 인간의 신경활동은 평행선상에 놓인 두 가지 행동 양식으로 인해 발생하는데, 바로 의식과 무의식이다. 심리학자와 임상 전문의들은 다음과 같은 공감대를 형성했다. 무의식은 우리가 가진 감각기관을 관장하고 다양한 동작을

지시함으로써 인간의 행동을 만들어 낸다. 반대로 의식은 무의식을 통해서만 인간의 신체에 영향을 미칠 수 있다. 의식과 달리 무의식은 자주적인 능력이 없어서 의식이 전달하는 명령을 지체 없이 받아들인다. 무의식은 의식의 명령을 받으면(인지하고 나면) 즉시 행동을 취하며 자신의 업무 범위 안에서 일을 완수한다. 그것이 진실이든 거짓이든 상관없이 신체 내부 에너지를 이용해 명령을 따르는 것이다.

우리가 고통에 관심을 가지면 무의식은 신체에 고통스러운 감각과 행동을 생성한다. 반대로, 사물의 긍정적인 면에 관심을 가지면 긍정적인 감정과 행동을 만든다.

역사적으로 위대한 업적을 성취한 리더들은 모두 사물의 긍정적인 면에 집중했다. 그들은 참을 수 없는 고통을 겪으면서도 어둠 속의 한 줄기 빛을 찾아낼 줄 알았다. 샤하르 교수는 남아프리카공화국의 넬슨 만델라Nelson Mandela 대통령의 이야기를 들려주었다.

■■■■■■ 남아공의 민족투사 만델라는 백인들의 흑백인종 분리 정책인 아파르트헤이트(Apartheid)에 반대하다 수감되어 태평양 작은 섬에서 27년간 복역했다. 당시 만델라는 이미 고령의 나이

였지만, 백인 통치자들은 그를 젊은 범죄자들과 함께 잔혹하게 학대했다. 1991년 출옥 후 대통령이 된 만델라는 과거의 감정을 털어내고 수감되었던 당시에 자신을 감시하던 교도관을 취임식에 초청했다.

그의 넓은 마음과 관용의 정신은 27년간 모질게 고문했던 백인들의 고개를 숙이게 했고, 현장에 있던 사람들을 숙연하게 만들었다.

훗날, 만델라는 자신도 젊었을 때는 성격이 급하고 쉽게 화를 냈는데, 감옥에 있으면서 감정을 제어하는 법을 배우게 되었다고 밝혔다. 오랜 수감 생활을 통해 그는 고통을 이겨내는 방법을 깨달았다.

자연재해를 당한 사람들은 보금자리를 잃고 비탄에 빠진다. 하지만 긍정적인 면을 중시하는 사람은 가족이 무사해서 다행이라고 생각한다. 이들은 그렇지 않은 사람에 비해 더 나은 삶을 살 수 있다.

하는 일마다 술술 풀리는 인생은 없다. 때로는 태풍을 만나기도 하고 풍랑에 허우적거리기도 한다. 샤하르 교수는 아무리 힘든 일을 겪어도 즐거워할 만한 일이 있는지 자문해 보라고 당부했다. 그 안에서 무엇을 배울 수 있는가? 사물의 긍정적인 면을 중요시할 때 비로소 더 큰 행복을 얻을 수 있다. 샤하르 교수는 가족 이야기를 예로 들었다.

━━━━ 외할머니는 1915년 아주 행복한 가정에 태어났습니다. 1940년까지는 평범한 여성으로 살았죠. 그런데 전쟁이 일어났고 눈앞에서 다섯 명의 형제가 무참히 살해되는 모습을 지켜보았습니다. 당시 그녀도 심각한 중상을 입었지만 몇 개월의 치료 끝에 삶을 되찾았죠. 그 후 외할아버지를 만났고 두 사람은 혼례를 치렀습니다. 강제 수용소에서 세 명의 아이를 낳은 뒤 태어난 아이가 바로 제 어머니입니다.

어느 날, 외할머니를 모시고 묘지를 찾았는데 길을 가던 그녀가 갑자기 멈춰 서서 제 손을 잡고 말했습니다. "이 얼마나 아름다운 세상이니! 걸음을 떼기가 아쉽구나."

그날 외할머니가 남긴 한 마디에 큰 감동을 받은 샤하르 교수는 아무리 힘든 상황에서도 "이 얼마나 아름다운 세상인가!"라는 말을 되새기게 되었다고 한다. 행복은 외부의 조건으로 결정되는 것이 아니라 우리 마음에 달린 것이다. 구체적으로 말하면 우리가 인지하는 것, 사물에 대한 관점에 따라 결정된다.

하루는 샤하르 교수가 학교 식당에 갔는데 한 학생이 아는 체하며 말을 걸었다. "인간이 행복해지는 법을 가르친다는 교수님이시네요! 조심하세요. 제 친구가 교수님 강의를 신청했는데, 얼굴을 찌푸리거나 행복해하지 않는 모습을 보면 바로 친구에게 말해버릴 거예요. 남을 속이고 있으니 당장 그만두라고 말이에요." 이에 그는 말했다. "상관없으니 지금 바로 가서 말해도 좋아. 나도 당연히 즐겁지 않을 때가 있단다. 우리는 모두 인간이기 때문이야."

우리는 모두 인간이기 때문에 역경, 좌절, 실패로 인해 고통스러워한다. 이는 누구도 피할 수 없는 사실이다. 다만 부정적인 시선을 긍정적으로 바꿀 수 있다면 고통을 줄일 수 있을 것이다.

고통과 실패 속에서
빛나는 긍정의 힘

"제 고통을 모두 없애 줄 수 있나요?" 샤하르 교수는 이런 질문을 받을 때마다 이렇게 답한다. "왜 항상 이런 태도로 고통을 대하나요? 고통도 인생의 일부입니다. 고통 속에서 배울 수 있는 것도 아주 많아요." 인생은 우리가 가장 고통스러운 순간을 통해서 성숙해진다.

인생이라는 길 위에서 사람들은 상심하고 좌절하지만, 그럼에도 행복한 삶을 사는 사람들이 많다. 끊임없이 즐겁기만을 바라는 사람은 불만이 있을 수밖에 없고, 결국 부정적인 감정이 생겨난다.

샤하르 교수가 강의 중에 자주 하는 말이 있다. "실패를 공부하고, 실패 속에서 배워라." 성공에는 비결이 없으며, 직장에서 좋은 성과를 내고 과학, 정치, 예술 분야에서 성공하는 데에도 특별한 비결은 존재하지 않는다. 단지 실패 속에서 끊임없이 교훈을 얻는 수밖에 없다. 딘 사이먼턴Dean Simonton이 지적한 대로 역사를 돌아보면, 좌절과 실패를 무수히 반복한 과학자들이 성공하는 사례가 많다. 성공에는 지름길이 없다. 우리에게 익숙한 발명가 토머스 에디슨Thomas Edison이 백열전구를 발명한 이야기를 들어보자.

━━━━ 19세기 70년대, 많은 과학자가 전기를 이용해 빛을 만드는 연구를 진행했지만, 하나같이 실패로 돌아갔고, 이는 오천 번이 넘는 실험을 했던 에디슨도 예외는 아니었다. 당시 한 기자

가 인터뷰를 위해 그를 찾아왔다. 이미 유명 인사였던 에디슨은 수많은 발명품으로 명성을 떨치고 있었다. 인터뷰 화제는 자연스럽게 전구 발명으로 넘어갔다. 기자가 물었다. "현재 수많은 과학자가 전구 발명에 전력을 다하고 있지만, 아무런 성과도 내지 못했습니다. 듣자 하니 선생님도 오천 번이 넘는 실험을 했고, 오천 번의 실패를 맛보았다고 하던데, 인제 그만 포기하시는 게 어떤가요?" 이에 에디슨이 말했다. "기자님의 말은 사실과 다릅니다. 오천 번의 실패를 한 게 아니라, 오천 번의 성공을 했습니다. 이것으로 그 방법이 틀렸음을 아주 성공적으로 입증해 냈으니까요."

똑같은 상황, 똑같은 결과지만 에디슨은 기자와 전혀 다른 해석을 내놓았다. 기자는 절대 성공할 수 없다고 생각했고, 에디슨은 반드시 성공할 것이라고 믿었다. 그의 주관적인 해석이 바로 성공으로 이끈 원동력이다. 모두 알다시피, 에디슨은 결국 백열전구를 발명하는 데 성공했다. 1879년 12월 31일, 그는 전기를 이용한 빛으로 세상을 환하게 밝혔다.

에디슨은 오천 번의 실패를 했기 때문에 전구를 발명할 수 있었다. 그는 실험실에 앉아 "할 수 있어"라는 말만 되풀이한 게 아니라, 할 수 있을 거라는 믿음을 바탕으로 더 많이 노력하고 열정적으로 실험에 임했다. 그는 이런 말을 남겼다. "실패가 나를 성공으로 이끌었다."

1,850번의 구직에 실패하고 세계적인 스타가 된 실베스터 스탤론Sylvester Gardenzio Stallone의 이야기가 생각난다.

━━━ 젊었을 때 스탤론은 가난한 집안 형편으로 인해 집안의 모든 돈을 긁어모아도 정장 한 벌조차 사지 못할 지경이었지만, 언제나 영화배우라는 꿈을 위해 최선을 다했다.

할리우드에 500개의 영화사가 간판을 내걸었던 당시 스탤론은 영화사 명단을 확보한 뒤 직접 쓴 시나리오를 들고 한 군데씩 방문했다. 처음에는 500개의 영화사 모두에게 퇴짜를 맞았다. 그는 가는 곳마다 냉정하게 거절당했지만 전혀 낙심하지 않았다. 500번째로 거절당한 영화사를 나서는 순간 다시 첫 번째 영화사의 문을 두드렸고, 처음부터 다시 500개의 영화사를 돌며 자신을 소개하기 시작했다. 하지만 영화사의 문턱을 넘는 일은 쉽지 않았고 두 번째로 500개의 영화사를 다 돌았을 때도 실패의 쓴맛을 보아야 했다. 그리고 세 번째도 결과는 같았다.

스탤론은 쉽게 포기하지 않았다. 이를 악물고 다시 네 번째 도전을 시작했다. 그리고 350번째 영화사를 방문했을 때 사무실에 시나리오를 두고 가면 검토해보겠다는 대답을 들었다. 그리고 며칠 뒤 자세한 논의를 위해 방문해 달라는 통지를 받았다. 회사는 시나리오를 영화화하는 데 동의하고 그를 남자 주인공으로 썼으면 좋겠다는 제안을 했다. 그렇게 세상의 빛을 보게 된 영화가 바로 〈록키(Rocky)〉다. 이를 시작으로 스탤론은 할리우드 액션영화의 슈퍼스타로 성장했다.

막 긍정 심리학 강의를 시작했을 때 샤하르 교수는 다방면에 박식하고 유머러스한 완벽한 교수가 되고 싶었지만, 아무리 최선을 다해도 목표를 달성할 수 없었다. 훗날 그는 이런 태도가 자신뿐 아니라 학생들에게도 나쁜 영향을 미쳤다는 사실을 깨달았다. 학생들에게 잘못된 모델, 즉 영원히 통하지 않는 길을 보여준 것과 같았기 때문이다.

마음을 열고 진심으로 대할 때 비로소 학생들도 마음을 활짝 열어 주었다. 샤하르 교수가 평범한 모습으로 다가설 때 학생들의 존경을 받게 된 것이다.

현실을
창조하라

행복은 우리가 처한 환경이나 은행 잔고가 아니라, 현재 무엇에 주목하고 있는지에 따라 결정된다. 인간의 감정은 외부, 내부적인 상황에 의해 결정되기 때문에 어떻게 해석할 것인가는 아주 중요한 문제다. 이 역시 샤하르 교수가 강의실에서 강조하던 부분이다. "자신이 무엇에 집중하고 있는지는 정말 중요합니다. 자신의 결점에만 집중하고, 보이지 않는 장점이나 열정, 미덕을 소홀히 한다면 자존감과 자신감이 떨어지고 삶의 즐거움도 느끼지 못하게 될 것입니다."

국제긍정심리협회(IPPA)의 초대 회장이었던 에드 디너 Ed Diener 는 말했다. "우리가 세계를 인지하는 방식이 객관적인 환경보다 더 중요합니다."

그의 말을 자세히 살펴보자. 주변을 둘러보면 사업도 성공하고 재산도 충분히 모아 모든 것을 다 가진 것 같은데, 행복하지 않고 오히려 고통에 시달리는 사람들이 꽤 있다. 반면, 가진 것도 별로 없고 하는 일마다 잘 안 풀리지만 언제나 행복하다고 말하는 사람들도 있다. 둘의 차이는 관심을 두는 대상의 차이에서 나타난다. 전자는 미래를 중시하며, 미래의 행복을 위해 산다.

전자는 '분주하게 움직이는 형'에 속한다. 후자는 현재를 중시하며 어떻게 해야 행복해질 수 있는지에 집중한다. 그들은 결과와 과정을 모두 중시하기 때문에 과정을 통해 행복을 느낀다.

세상은 불행으로 가득하지만 불행 속에서도 행복을 느낄 줄 아는 사람들이 있다. 사물의 장점에 주목한다면 고통 속에서도 성장할 수 있고, 새로운 현실을 창조해 낼 것이다.

샤하르 교수는 알베르트 반두라Albert Bendura의 연구를 일상에 적용해 보았다.

━━━ 월요일 아침, 여러분이 1504호 강의실로 가는 길에 친한 친구를 만났습니다. "오늘 정말 활기차 보이네!" 그 말을 들었더니 정말 힘이 나고 발걸음도 가벼워지는 것 같습니다. 강의실로 들어가니 또 다른 친구에게 "오늘 정말 활기차 보여!"라는 말을 듣습니다. 그러니 더 힘이 나는 것 같습니다. 자리에 앉아 책을 펼치는데 오랜만에 본 친구가 말합니다. "오늘따라 활력이 넘치는구나!" 반복해서 같은 말을 듣다 보니 더 활력 넘치는 하루를 보낼 수 있을 것 같습니다.

이번에는 반대의 상황을 상상해 보겠습니다. 목요일 아침, 1504호 강의실로 가는 길에 친한 친구를 만났습니다. "이런, 오늘 무슨 일 있어?" 사실 여러분에게는 아무 일도 없는 평범한 하룬데 그 말을 듣자 어딘가 신경이 쓰입니다. 교실로 들어가니 또 다른 친구가 말을 겁니다. "오늘 무슨 일 있어? 안색이 안 좋아 보여." 연속해서 그런 말을 들으니 왠지 기분이 안 좋아집니다. 자리에 앉아 책을 펼치는데 주변에서 당신을 보며 소곤거립니다. 이제 여러분의 기분은 바닥까지 가라앉고 정말 몸이 안 좋아지는 것 같은 기분이 듭니다.

《시크릿(The Secret)》도 비슷한 이야기를 하고 있습니다. "무언가 주목하고 있는 게 있다면 반드시 얻게 될 것이다. 명세서에 주목하면 명세서가 끊임없이 날아올 것이고, 잔고에 주목하면 은행 잔고가 나날이 늘어날 것이다. 현실은 우리가 관심을 가지고 집중하는 방향으로 발전하기 때문이다."

━━━━ 백여 년 전에 한 가난한 양치기가 두 아들을 데리고 언덕에서 방목을 하고 있었다. 그때 앞으로 기러기가 날아갔다.
동생: "새들아, 어디로 날아가니?"
아버지: "따뜻한 지역으로 가서 가정을 꾸리는 거란다."
형: "하늘을 날 수 있으면 정말 좋겠다!"

아버지: "간절히 원한다면 너희들도 날 수 있단다."

형제는 아버지가 해준 말을 가슴 속에 담고 목표를 향해 열심히 노력했다. 그리고 정말 하늘을 날 수 있게 되었다. 이들이 바로 세계 최초로 비행기를 발명한 미국의 유명한 라이트 형제다.

행복은 지금 여기에 있다

현재의 노력은 내일의 행복을 위해서이며, 어딘가에서 행복이라는 녀석이 기다리고 있다고 생각하는 사람이 많다. 샤하르 교수는 행복은 오늘, 바로 지금 존재한다고 강조한다. 다음은 팀에 관한 이야기다.

■■■■■■ 팀은 어릴 때부터 근심걱정 없이 쾌활하고 낙천적인 아이였다. 그런데 초등학교에 입학하면서부터 그는 눈코 뜰 새 없이 바빠지기 시작했다. 부모님과 선생님은 언제나 학교를 다니는 이유는 좋은 성적을 받기 위해서이고, 나중에 좋은 회사에 취직하기 위해서라고 강조했다. 학교가 즐거운 놀이터이며, 배움은 남을 기쁘게 할 수 있는 효과적인 수단이라고 가르쳐주는 사람은 한 명도 없었다.

팀은 자연스럽게 어른들의 가치관에 따라 성장했다. 학교를 좋아하지는 않았지만 열심히 공부했고, 우수한 성적을 받을 때마다 부모님과 선생님의 칭찬과 친구들의 부러움을 한 몸에 받았다. 고등학생이 된 팀은 부모의 말을 한 번도 의심도 해보지 않았다. '현재를 희생하면 미래의 행복을 얻을 수 있다. 고통 없이는 어떤 결실도 맺을 수 없다.' 막대한 스트레스로 견딜 수 없을 때마다 스스로 위로하며 되뇌었다. "명문대에 들어가기만 하면 모든 상황이 좋아질 거야."

대학의 입학 통지서를 받은 팀은 눈물을 흘렸다. 긴 숨을 내쉬며 마침내 행복한 생활을 할 수 있을 거라고 생각했다. 하지만 대학 생활을 시작한 지 며칠 지나지 않아 익숙했던 초조함이 몰려들기 시작했다. 그는 친구들과의 경쟁에서 뒤처질까 봐 전전긍긍했고 졸업해서 좋은 직업을 갖지 못할까 봐 불안에 떨었다.

대학 4학년이 된 팀은 이력서에 스펙을 한 줄이라도 더 늘리기 위해 여전히 바쁜 하루를 보냈다. 서클을 만들고 봉사활동을 다니며 다양한 스포츠에 참여했고, 신중하게 교양과목을 들었다. 하지만 모든 게 흥미나 취미와는 상관없이 좋은 성적을 받기 위한 목적 때문이었다.

대학 4학년 때 대기업에 취직한 팀은 생각했다. '언젠가는 여유로운 삶을 누릴 수 있을 거야.' 직장인이 된 그는 높은 연봉을 받는 대신 매주 84시간이나 일해야 했으며, 엄청난 스트레스를 받았지만 그럴 때마다 '괜찮아, 이렇게 해야 미래에 더 안정된 삶을 살 수 있어. 더 빨리 승진도 할 수 있겠지'라며 스스로 타일렀다. 물론 연봉이 오르고, 보너스를 받거나 승진을 하는 등 그에게도 즐거운 순간은 있었다. 단지 그런 만족감은 너무 빨리 사라졌다. 직장에서 수 년간 몸 바쳐 일한 팀은 회사의 파트너 자리까지 올랐다. 그가 고대하던 날이 온 것이다. 팀은 전혀 행복하지 않았다. 호화 저택과 명품 자동차, 그리고 평생 써도 모자라지 않을 만큼의 돈도 가졌고, 주변 사람들로부터 성공의 교과서로 인정받았다. 그를 우상으로 여기고 롤모델로 삼겠다는 후배들도 많았다. 하지만 팀은 조금도 행복을 느끼지 못했다.

겉으로 보면 팀은 행복의 조건을 모두 갖추었지만 전혀 행복을 느끼지 못했다. 왜 그런 걸까? 샤하르 교수는 명확한 해답을 제시했다. "사람들이 항상 내일의 행복만 좇기 때문입니다. 팀은 내일의 행복을 위해 현재를 희생했지만 정작 오늘 행복한 적은 한 번도 없었습니다."

고대 그리스의 한 학자는 이런 말을 남겼다. "과거와 미래는 '존재'하는 것이 아니라, '존재했던 것'과 '존재할 가능성이 있는 것'이다. '존재'하는 유일한 것은 현재이며, 바로 지금이다."

▬▬▬ 어느 날 아침, 한 남자가 부처를 찾아와 가르침을 청했다. 부처는 그를 안으로 들이고 조용히 남자의 이야기를 경청했다. 시간이 얼마쯤 지나 그의 말을 듣고 있던 부처가 손을 들자 남자가 입을 다물었다. 남자는 부처가 어떤 가르침을 줄지 궁금했다.

부처가 물었다.

"오늘 아침은 드셨나요?"

남자는 고개를 끄덕였다.

"식사를 하고 그릇도 잘 씻었나요?"

남자는 다시 고개를 끄덕이며 입을 떼려고 했다.

그때 다시 부처가 물었다.

"그릇은 잘 말렸나요?"

"네, 그렇고말고요."

남자는 답답하다는 듯이 말했다.

"지금 여기서 입증이라도 해드릴까요?"

"저는 이미 해답을 드렸습니다."

대답을 마친 부처는 남자를 밖으로 안내했다.

며칠 뒤 남자는 드디어 부처가 한 말의 의미를 이해했다. 지금 눈앞에 있는 것에 집중하라는 의미였다. 현재에 최선을 다하는 것, 그것이 바로 가장 중요한 일이기 때문이다.

현재를 산다는 것은 몸과 마음을 바쳐 최선을 다해 살아가는 생활 방식이다. 현재를 살고, 과거나 미래에 발목 잡혀 끌려다니지 않는다. 온 힘을 다해 지금 이 순간에 집중하면 더 강력한 힘을 발휘할 수 있다. 이것이 바로 우리의 삶을 풍부하게 만들어줄 유일한 방법이다.

한 작가는 이런 말을 남겼다. "행복은 억지로 찾을 수 있는 게 아닙니다. 현재를 살고, 최선을 다해 주변 사물에 집중할 때 행복은 저절로 찾아올 것입니다."

샤하르 교수도 다음과 같이 강조했다. "현재를 소중하게 생각하고 현재에 살 때, 우리는 비로소 진정한 행복을 느낄 수 있습니다. 바로 지금부터 우리가 가진 것들을 소중히 여겨야 합니다. 부모님, 배우자, 자녀, 친구를 소중히 여기고 호흡할 수 있는 공기와 거리에 활짝 핀 꽃들도 소중히 여겨야 합니다. 눈앞에 있는 것들을 소중히 여길 수 있을 때 행복은 찾아옵니다!"

긍정적인 삶을 위한 십계명

긍정적인 삶을 살기 위해서는 어떻게 해야 할까? 샤하르 교수는 열 가지 제안을 했다.

1. 마음이 시키는 대로 하라. 높은 연봉 때문에 싫어하는 일을 억지로 하지 말고, 자신에게 가장 의미 있고 자신이 좋아할 수 있는 일을 선택한다.

2. 친구와 최대한 많은 시간을 보내라. 바쁜 일상에 쫓기느라 친구들과 보낼 기회를 놓치면 안 된다. 좋은 인간관계는 행복으로 가는 밑거름이기 때문이다.

3. 실패를 똑바로 바라봐라. 성공에는 지름길이 없다. 역사적으로 위대한 업적을 남긴 인물들도 실패를 밥 먹듯 했다. 실패할지도 모른다는 두려움으로 새로운 일에 대한 도전을 포기해서는 안 된다.

4. 자신을 인정하라. 인생을 살다 보면 누구나 좌절하고 상심할 수 있다는 사실을 받아들여야 한다. 자신도 낙담하고 슬퍼할 수 있

는 존재라는 걸 인정하고, 앞으로 행복해지기 위해 무엇을 해야
할지 자문해보라.

5. 단순한 삶을 살아라. 무언가를 더 많이 소유한다고 행복해지지
   는 않는다. 아무리 좋은 일이라도 자신에게는 해가 될 수도 있
   다. 현재 너무 많은 활동을 하고 있는 건 아닌지 돌아보고, 양보
   다는 질에 초점을 맞춘다.

6. 규칙적인 운동을 해라. 삶에서 운동은 아주 중요한 부분을 차지
   한다. 적당한 운동은 몸과 마음을 더욱 건강하게 한다.

7. 양질의 수면을 취하라. 매일 7~9시간의 수면은 건강을 위한 투
   자이다. 충분한 수면은 깨어났을 때 상쾌함을 선사하고 업무효
   율을 높여주며 창의력을 제고한다.

8. 사람들에게 관대하라. 돈이나 시간이 없어도 사람들에게 도움
   을 줄 방법은 많다. 다른 사람을 돕는 것은 나를 돕는 것이며,
   자신을 돕는 것 역시 간접적으로는 남을 돕는 것이다.

9. 용기를 내라. 마음속의 공포를 극복하고 용감히 앞으로 한걸음
   나아가자.

10. 항상 감사하는 마음을 가져라. 가족, 친구, 건강, 교육 등을 당
    연한 것이 아니라 값진 선물로 생각하고 행동한다.

긍정적인 삶의 강심제

감사한 마음은
인생을
풍요롭게 만든다

감사의 힘

인간은 놀라운 적응력을 가지고 태어난다. 적응력이 뛰어난 사람은 위험으로부터 자신을 보호하고 생존하는 데 유리한 조건을 형성한다. 기찻길 근처 집에서 처음 잠을 청할 때는 기차가 지나갈 때마다 깜짝 놀라 잠에서 깨지만 몇 달만 지나면 시끄러운 기적 소리가 들려도 깨지 않고 잘 자게 된다. 이미 환경에 적응을 마쳤기 때문이다.

인간은 새로운 환경에 맞닥뜨리면 본능적으로 적응력을 발휘하지만, 적응을 마친 사물에 대해서는 소중히 생각하지 않는다. 매일 만나는 가족, 매일 먹는 음식 등 자주 보는 사물은 등한시하거나 소홀히 여긴다.

한 유대인의 이야기를 들어보자.

■■■■ 동유럽의 어느 유대인 마을에 한 남자가 살았다. 그는 찢어지게 가난해서 대식구가 한 방에 모여 살 수밖에 없었다. 남자는 좁은 방에 여러 식구가 함께 지내는 게 너무 불편하고 싫었다. 아이들은 종일 시끄럽게 떠들고 부인은 쉬지 않고 잔소리를 해댔다. 어느 날 머리끝까지 짜증이 난 남자는 지혜롭다고 소문난 랍비를 찾아가 가르침을 청했다.

랍비는 방에서 닭을 길러보라는 의외의 해결책을 제시했다. 그리고 일주일 뒤에는 소를 데려다 키우고, 그리고 또 일주일 뒤에는 말을 데려다 키우라고 했다. 상황은 더욱 심각해졌고 남자는 미치기 일보 직전까지 이르렀다. 그때 랍비가 와서 모든 동물을 집 밖으로 옮기고 일주일 뒤에 자신을 찾아오라고 했다.

랍비가 남자에게 물었다.

"지금은 좀 어떻습니까? 지낼 만한가요?"

"네, 정말 감사합니다. 이제 좀 살 것 같습니다. 지금은 아이들도 조용해졌고 방도 훨씬 넓어 보입니다. 이렇게 상쾌한 공기를 마시게 돼서 정말 좋습니다. 온가족이 화목하고 아이들도 행복해합니다. 다시 한 번 감사드립니다."

사실 남자의 상황은 하나도 변한 게 없었다. 단지 더 이상 적응할 필요가 없어진 일상을 살고 있었을 뿐이다. 랍비는 최악의 상황을 조성함으로써 남자가 일상의 소중함을 깨달을 수 있게 했다. 그렇다면 인간은 상황이 악화되어야만 일상의 소중함을 알게 되는 것일까? 샤하르 교수는 이렇게 말했다. "절대 그렇지 않습니다. 항상 모든 것에 감사하는 마음을 가져야 합니다."

영어에서 감사를 뜻하는 단어 'Appreciate'에는 두 가지 의미가 있다. 하나는 어떤 사건에 대해 당연하게 생각하지 않고 감격스러워한다는 뜻이고, 또 하나는 가치가 오른다는 뜻이다. 돈을 은행에 넣어두면 가치가 증가하고 경제가 성장한다. 우리가 좋은 물건에 감격스러워하면 그것의 가치는 올라간다.

세계적인 극작가 오스카 와일드Oscar Wilde는 말했다. "나는 음악회나 오페라 극장에 가기 전에, 연극이나 마임을 보기 전에, 책을 보거나 스케치를 하기 전에, 수영이나 펜싱을 하기 전에, 길을 걷기 전에, 춤을 추기 전에, 만년필에 잉크를 넣기 전에 감사하는 마음을 가진다. 감사는 우리를 행복하게 만들 수 있는 가장 간단한 방법이다!"

감사하는 습관은 건강에도 큰 도움이 된다. 감사하는 마음을 가지면 부교감 신경이 강화되고 면역력이 증가한다.

감사하는 마음을 가진 사람이 어떻게 시련을 극복하고 행복해질 수 있는지 다음의 일화를 살펴보자.

━━━ '우주의 왕'이라고 불리는 물리학자 스티븐 호킹^{Stephen}
Hawking은 감사의 의미를 제대로 이해하고 중증 장애인의 몸으
로 누구도 상상하지 못할 업적을 이루었다.

호킹은 21살이 되던 해에 불치병에 걸린 사실을 알고 크게 절망
했다. 당시 의사는 고작해야 앞으로 2년밖에 살지 못할 거라는
시한부 선고를 했다. 그런데 2년이 지난 뒤에도 병세는 크게 나
빠지지 않았다. 그는 입원한 지 하루 만에 사망하는 환자를 지
켜보며 자신이 그래도 최악의 상황은 아니라고 위로했다. 게다
가 그는 17살 때 케임브리지 대학에 합격할 정도로 비상한 두뇌
도 가지고 있었다.

호킹은 사랑하는 가족을 위해 그리고 자신의 꿈을 위해 '움직
여 보기로' 하고 공부를 시작했다. 그는 자서전에서 불치병이 자
신의 인생에 미친 영향은 크지 않았다고 서술했다. 매일 자기만
의 세계에 빠져 살았고 불치병을 앓고 있다는 사실을 잊기 위해
노력했다. 그리고 비장애인과 똑같이 생활할 수 있다는 것을 증
명하기 위해 노력했다! 그는 혼자서 할 수 있는 일로 절대 다른
사람들을 귀찮게 하지 않았으며, 자신을 장애인으로 보는 시선

을 혐오했다. 그는 말했다. "신체에 장애가 있다고 해서 정신까지 장애가 있는 것은 아니다."

호킹은 강한 의지력을 가졌으며 인생에 대한 뚜렷한 주관도 가지고 있었다. 그는 삶에 대해 낙관적이고 유쾌한 태도를 취했다. 병에 걸리고 나서 여섯 번이나 죽음의 문턱을 넘나들었지만 언제나 활기차게 행동했다.

하루는 연설을 마친 그에게 기자가 물었다. "병마가 당신을 영원히 휠체어에 묶어 놓았는데 운명이란 녀석이 너무 많은 것을 빼앗아 갔다고 생각하지 않으세요?"

호킹은 미소를 지어 보이고는 아직 움직일 수 있는 세 개의 손가락을 이용해 타자를 두드렸다. 화면으로 그의 말이 전해졌다. "제 손가락은 여전히 움직일 수 있고, 제 두뇌로는 생각을 할 수 있습니다. 저는 평생 추구하고 싶은 꿈이 있고, 저를 사랑하고 제가 사랑하는 가족과 친구들이 있습니다." 그렇게 기자의 질문에 대답을 마친 호킹은 힘겹게 다음 문장을 완성했다. "아, 그리고 저는 감사할 줄 아는 마음을 가졌습니다!" 현장은 순간 벅찬 감동의 박수 소리가 터져 나왔다.

감사의 힘은 무궁무진하다. 샤하르 교수뿐 아니라 수많은 성공 인사들도 감사의 힘을 직접 느꼈으며 이를 소중히 생각한다. 성공이라는 목표를 달성하기 위해서는 반드시 감사할 줄 아는 태도를 배워야 할 것이다.

감사하는
습관

샤하르 교수는 말했다. "감사할 줄 아는 마음을 가지면 긍정적인 사람이 될 수 있습니다. 그럼 감사할 줄 아는 마음을 가지려면 어떻게 해야 할까요? 감사하는 습관을 키우는 게 가장 중요합니다."

감사하는 습관을 키우기 위해 다음과 같은 두 가지 방법을 참고할 수 있다.

첫째, 다른 시각으로 문제를 바라본다. 샤하르 교수는 친구의 이야기를 예로 들었다.

━━━━ 젊었을 때 친구에게는 아주 힘든 시기가 찾아왔습니다. 집도 절도 없는 데다가 수중에는 돈 한 푼 없어서 비참한 신세였죠. 하루하루 비관적인 생각에 빠져 지내던 어느 날 이런 생

각이 들었어요. '아직도 내가 감사할 만한 일이 있을까?' 그는 종이에 생각나는 대로 써보았습니다. '베토벤, 사랑하는 음악, 부모님, 내가 좋아하는 아이스크림, 고향 친구들…….'

그렇게 감사할 만한 것들을 하나씩 적다 보니 어느새 종이 한 장이 꽉 찼습니다. 빼곡한 종이를 보니 가슴 속에서 다시 희망이라는 것이 꿈틀거렸죠. 이번에는 불가능한 일이 아닌, 그가 간절히 바라는 멋진 일들에 대해 생각했습니다. 여기에서 힘을 얻은 친구는 시련을 극복할 수 있는 용기를 품게 되었습니다. 올해로 쉰다섯 살이 된 친구는 아직도 그때 적었던 종이를 간직하고 있습니다.

세상은 마음먹기에 달렸다. 사람마다 다른 삶을 사는 것은 각자 다른 태도를 가지고 있기 때문이다.

이에 관한 짧은 일화가 있다.

▬▬▬ 어느 날 미국의 프랭클린 루스벨트 Franklin Roosevelt 전 대통령의 집에 도둑이 드는 사건이 발생했다. 소식을 들은 한 친구가 루스벨트에게 위로의 편지를 보내 그 일에 너무 개의치 말라며 다독였다. 이에 루스벨트는 다음과 같은 회신을 보냈다.

"위로의 편지를 보내줘서 너무 고맙네만 난 아무렇지도 않다네. 도둑이 훔쳐간 것은 내 물건이지 내 목숨이 아니기 때문이네. 도둑이 가져간 것은 내 일부에 불과하지 내 전부가 아니기 때문이네. 그리고 가장 다행인 점은 물건을 훔친 자는 도둑이지 내가 아니라는 사실이네."

집에 도둑이 들면 누구라도 불행하거나 재수가 없다고 생각할 것이다. 루스벨트는 오히려 그 안에서 감사해야 할 세 가지 이유를 찾아냈다. 이처럼 시각을 바꾸면 기분이 좋아지고 행복을 발견할 수도 있다.

감사하는 습관을 키우기 위한 두 번째 방법은 바로 끊임없이 반복하여 습관으로 만드는 것이다. 심리학에서 습관은 자극과 반응 간의 안정적인 연결을 뜻한다. 행동심리학 연구에 따르면 3주 이상 반복하면 몸에 익히게 되고, 3개월 이상 반복하면 안정적인 습관으로 자리 잡는다.

샤하르 교수도 같은 방법으로 감사하는 습관을 키웠다. 1999년 9월 19일부터 그는 매일 감사할 만한 사람이나 사건에 대한 일기를 쓰기 시작했다. 다소 억지스럽다고 생각했지만 감사 일기를 쓸 때마다 행복한 기분이 들었다.

샤하르 교수는 감사 일기의 핵심은 신선함을 유지하는 데 있다고 강조했다. 그럼 신선함을 유지하기 위해서는 어떻게 해야 할까? 우선 분야별로 다양하게 기록한다. 매일 가족에 대해 쓸 수도 있지만 날마다 다른 분야를 정해 써보는 건 어떨까? 이번 주에 학교나 직장에 관해 썼다면, 다음 주에는 개인적인 일들에 관해 기록한다. 그리고 최대한 집중해서 열심히 쓴다. 익숙한 사물에 대해서도 열심히 관찰하고 도형화해본다. 다양한 각도에서 사물을 바라보고 새로운 관점으로 감사한 부분을 찾아낸다.

감사 일기 외에도 과거에 큰 도움을 받았던 사람에게 감사의 편지를 써보는 것도 좋다. 처음에는 감사의 편지를 쓰는 일이 생각처럼 쉽지는 않을 것이다. 하지만 그분의 도움이 자신의 삶에 어떤 영향을 미쳤는지를 생각해보면 저절로 감사의 마음이 우러나 편지를 쓰게 될 것이다. 물론 그분을 집으로 초대하거나 함께 여행을 가는 등 다른 방식으로 감사의 마음을 표현해도 좋다.

감사하는 방식은 아주 다양하니 자신에게 어울리는 방법을 선택하면 된다. 잊지 말아야 할 것은 어떤 방법을 사용하든지 일시적인 감정으로 시작해서는 안 된다는 사실이다. 조용히 앉아 오래 생각해 본 뒤에 마음속에서 진정으로 감사의 마음이 우러나오는지 살펴본다.

혼합물에 약간의 백반을 넣으면 찌꺼기가 가라앉는 것과 같이 감사의 마음을 키우면 조급함과 불안함이 가라앉고 불만과 불쾌함이 사라진다. 감사를 표현하는 사람은 기분이 좋아지고, 감사를 받는 사람은 마음이 편안해진다. 결국 감사의 마음으로 행복 기준선이 크게 올라간다.

사랑이 가장 숭고한 감정이라면 사랑에서 파생된 감사의 마음은 승화된 사랑이라고 할 수 있다. 사랑이 채찍이라면 감사의 마음은 자각하게 하는 힘이다. 진심으로 감사의 마음을 전할 때 우리의 삶은 더 행복해질 수 있을 것이다!

진실한 감사의 마음

감사는 반드시 진심에서 우러나와야 한다. 거짓된 감사는 자존감을 떨어뜨리고 삶을 피곤하게 만든다.

진실한 감사는 좋은 점이 많다.

첫째, 감사를 하는 사람과 감사를 받는 사람 모두에게 이득이다. 이는 다양한 양성순환을 가져올 수 있다. 하나, 감정적인 양성순환이다. 길버트Gilbert의 연구에 따르면 긍정적인 일이 생기면 절정 경험(Peak experience)을 하게 되는데 이는 사건이 끝나는 즉시 사라진다. 하지만 건설적인 반응을 한다면 예를 들어 "좋아, 그때 일에 대해 다시 이야기해볼까?", "정말 축하해!", "자세히 이야기 좀 해줘, 너무 궁금해!" 등과 같은 반응은 절정 시간을 연장해준다. 승진이나 수상 등 좋은 일을 겪으면 기분이 좋아졌다가 다시 원상태로 돌아간다. 그런데 적극적이고 건설적인 반응은 이런 행복감을 증가시킨다.

둘, 인간관계의 양성순환이다. 진실되고 적극적이면서 건설적인 반응을 하는 사람은 비슷한 양성순환을 하게 되며, 기쁨은 더 고조된다.

셋, 긍정 심리학의 기능과 마찬가지로 긍정적인 감정을 축적시킨다. 연구에 따르면 20세기 20년대 미국의 부부관계에서 두 사람이 모두 상대방에게 적극적이고 건설적으로 반응하고 지지한다면, 대공황과 같은 위기 속에서도 부부관계는 견고해지지만, 그렇지 않은 부부라면 위기 앞에서 쉽게 와해된다.

둘째, 진실한 감사는 우리의 자존감을 높여준다. 진실한 사람은 자신의 거짓말 때문에 두려움에 떨지 않는다. 상대방에게 진심으로 감사의 마음을 표현하면 선량의 불꽃이 서서히 피어올라 우리의 자존감을 높여줄 것이다.

셋째, 진실한 감사는 탐욕을 억제한다. 오랫동안 인간의 마음은 돈, 명예, 지위 등 끓어오르는 탐욕으로 가득했다. 탐욕스러운 사람들은 소중한 것들을 많이 놓치며 산다. 이런 탐욕은 순수한 영혼의 눈을 가리고 하늘이 내려준 은혜를 잊게 한다. 사실 단순한 사람일수록 천국과 가까워진다. 천국을 믿지 않는다면 천국을 놓치게 될 것이다. 천국은 우리 마음속에 있으며, 모든 것은 마음먹기에 달려 있다.

감사는 형식보다는 마음이 중요하다. 온화한 미소, 마음을 담은 안부 인사, 진심으로 우러나오는 말, 작은 선물은 감사의 마음을 전하는 좋은 방법이다. 자신이 가진 모든 것에 감사하는 마음으로 진실되게 표현할 수 있을 때 큰 행복을 누릴 수 있다.

tip 하루에 다섯 개씩 감사하기

긍정 심리학자 로버트 에몬스Robert Emmons는 연구를 통해 매일 감사 일기를 쓰는 사람은 육체적, 심리적으로 아주 건강하다는 사실을 밝혔다.

샤하르 교수는 더 긍정적이고, 더 행복해지기 위한 방법을 제안했다. "매일 밤 잠들기 전에 즐거웠던 일이나 감사하는 일을 다섯 개씩 써보세요. 큰일이든 사소한 일이든 상관없습니다. 맛있는 음식, 친구와 수다를 떨었던 일, 신앙생활이나 일에 관한 것 등 어떤 것이든 좋습니다."

감사 일기를 쓰다 보면 중복되는 게 많아진다. 변화를 주고 싶다면 중복된 일들을 쓴 뒤, 당시 가졌던 생각이나 감정에 대해 써 본다.

감사 일기를 쓰는 데 익숙해졌다면 배우자나 부모님, 자녀, 형제자매와 함께해볼 수 있다. 가족 간의 친밀감이 훨씬 증가할 것이다.

감사하기가 습관이 된 사람은 삶을 당연히 주어지는 것으로 생각하지 않으며, 삶의 가치와 소중함을 깨달을 수 있다.

긍정적인 삶의 추진제

유머는 세상에
적응하게 하는
강력한 무기

유머란
무엇인가?

샤하르 교수는 학기 초에 조교인 숀Shaun에게 유머에 관한 강의를 맡겼다. '유머 티처'라고 불린 숀은 첫 수업에서 매우 흥미로운 이야기를 들려주었다.

숀의 말에 따르면 유머는 행복 심리학에서 가장 중요한 부분이다. 하지만 지금까지 유머에 관한 연구는 거의 이루어지지 않았다. 부정적인 연구와 유머 연구의 비율은 97:3이며, 미국에서 가장 유명한 코미디언 스티븐 콜버트Steven Colbert에 관한 연구는 단 한 건도 없다.

세상을 연구하는 사람의 시각이 바뀌면 사람들이 세상을 바라보는 시각도 바뀔 수 있다. 유머에 관한 연구를 하지 않으면 사회의 중요한 부분을 이해하지 못하며, 세상이 움직이는 원리도 깨닫지 못할 것이다.

유머가 그렇게 중요하다면 왜 그에 관한 연구는 거의 이루어지지 않았을까? 사실 유머는 정의하기 어렵다. 유머는 분명히 존재하며 많은 사람이 즐기지만, 각자 재미있어하는 대상은 서로 다르다. 같은 이야기라도 어떤 사람은 박장대소하며 좋아하고 어떤 사람은 시큰둥한 태도를 보인다.

유머에 관한 연구는 '죽은 청개구리 문제'와 유사하다. 청개구리를 해부하면 할수록 생명의 빛은 사라져간다. 유머는 우리를 즐겁게 해주며 인간관계에서 윤활유 역할을 한다. 하지만 선천적으로 유머감각을 타고난 사람이 있는 반면 그렇지 않은 부류도 있기 때문에 이 분야에 대한 연구가 과연 필요한지 의문을 품는 사람들도 많다.

다행히 최근에는 유머에 관한 연구가 활발히 진행되고 있다. 긍정 심리학 영역에서 많은 논문이 나왔고, 관련 연구도 활력을 띄고 있다. 이는 유머에 관한 새로운 시선을 제시한다.

유머는 하나의 시선이자, 선택이다. 유머러스한 사람은 강한 적응력을 가지고 세계를 바라보기 때문에 더 많은 행복을 느낄 수 있다.

유머에 관한
세 가지 연구

숀은 자신을 3대 유머 연구원 중 하나라고 소개했다. "심리학에서 유머를 연구한 3대 연구원으로는 지그문트 프로이트Sigmund Freud, 앙리 베르그손Henri Bergson, 그리고 제가 있습니다." 숀은 3대 유머 연구원의 주요 내용을 소개했다.

프로이트는 저서《농담과 무의식의 관계(Sigmund Freud Gesammelte Werke)》에서 일종의 모범 의식에 관해 서술했다. 그는 인간의 마음에는 이드(Id)가 있다고 주장했으며 이는 성욕, 생명력, 충동을 가지고 있다. 이드 밖에는 자아(Ego)가 있으며, 자아는 이드와 사회규범 사이를 왔다 갔다 할 수 있다. 가장 바깥에는 초자아가 자리한다. 초자아는 우리가 가진 도덕규범과 사회규범이다. 예를 들어 이드가 화내기를 좋아하고 남들과 잘 부딪힌다면, 초자아는 그것을 막으려 할 것이다. 인간이 좌절을 느끼는 것은 바로 이런 이드의 충동 때문이다. 충동을 해소하지 못하면 억압이 점점 커지고 결국엔 폭발하게 된다. 이는 심각한 결과를 초래한다. 프로이트는 유머란 사회가 용인할 수 있는 선에서 욕망을 표출시켜 줄 유용한 수단이자, 이드의 충동을 해소시켜주는 도구라고 생각했다. 즉 유머는 심리적 안전장치다.

베르그손은 유머를 사회 교정기로 보았다. 사람들은 모두 생애발전궤도를 가지고 있는데 이 궤도에서 벗어나는 순간, 다시 말해 자아실현에 방해되는 일을 하면 유머가 교정해주는 역할을 한다. 예를 들어, 코미디언 루이스 블랙Lewis Black은 빗자루를 타고 해리포터 퀴디치 월드컵에 참가하려는 아이들에게 이렇게 말한다. "졸업파티에 함께 참가할 댄스 파트너나 찾으러 다니는 게 어때? 그렇지 않으면 나중에 골치 좀 아플 거야." 그는 아이들을 혼내는 대신 유머를 이용했다. 유머는 아이들의 잘못된 점을 교정하고, 그들이 다른 길로 빠지지 않게 막아준다. 또한 자아실현의 목표를 향해 앞으로 나아갈 수 있도록 힘을 준다.

자칭 3대 유머 연구원이라고 말하는 숀은 베르그손의 주장에 동의했다. 숀은 유머를 아주 괜찮은 행동 교정기로 보았다. 그는 자신의 경험을 들려주었다. 어릴 때 그는 개 몇 마리를 키웠는데 모두 나쁜 버릇을 가지고 있었다. 개의 나쁜 버릇을 교정하기 위해 안 해본 일이 없었다. 목이 쉬도록 소리도 질러봤고, 먹을 것을 주지 않거나 며칠 간 케이지에 감금시킨 적도 있다. 심지어 무서운 표정으로 몇 대 때려도 봤지만 아무 소용이 없었다. 그러다 마지막으로 선택한 방법이 바로 개들에게 농담을 하는 것이었다. 개가 소파 위에 엎드려 있으면 이렇게 농담했다.

"일어날 필요 없어, 거기에서 좀 쉬렴. 넌 분명히 종일 대단히 힘든 일을 하느라 바빴을 테니까. 아니, 천천히 해. 난 이제야 왔는데 뭘. 아, 지금 막 생각났어. 난 매일 일을 해야 하는 사람이고, 넌 집구석에 누워 침만 질질 흘리는 개라는 사실을 말야!" 개가 대소변을 가리지 못할 때는 이렇게 말했다. "와우, 정말 '고마워'. 아이보리 소파를 이렇게 멋지게 꾸며주다니. 모두들 네가 소파에 한 짓을 보고 '화룡점정'을 장식했다고 난리지 뭐니." 개가 편식을 하면 이렇게 비꼬았다. "그래, 네가 먹고 싶은 것은 최고급 갈비였지. 사실 '팜스 레스토랑'이 예약이 안 된다고 해서 머튼 레스토랑(Morton's Restaurant)은 알아보지도 않았어. 거기 셰프가 이번에 새로 바뀌었다고 해서 말이야. 그러니 지금은 개 사료를 먹자. 괜찮지? 이게 원하는 음식은 아니겠지만 네가 개라는 사실은 절대 잊지 마!" 이 방법은 아주 효과적이었다. 손이 키우던 개들의 나쁜 버릇은 어느새 씻은 듯이 사라졌다.

유머는 일종의 시선이다. 우리는 유머라는 시선을 통해 세상을 바라본다. 유머에 관한 연구에서는 유머를 인지심리로 여긴다. 사람들은 묻는다. 왜 누군가에게는 비극적이고, 누군가에게는 희극적일까? 왜 누군가에게는 웃기고, 누군가에게는 시큰둥할까? 왜 낙관적인 사람들은 역경 속에서도 긍정적인 면을 발견하고, 비관적인 사람은 부정적인 면만 집중하는 걸까? 세계를 바라보는 시선이 다르기 때문이다.

세계를 바라보는 시선이 다르면 인지심리가 다르다. 이것은 긍정적인 사람인지 부정적인 사람인지, 또는 유머러스한 사람인지 무미건조한 사람인지를 결정한다.

유머는
새로운 시선

심리학자 리처드 와이즈먼Richard Wiseman은 행운의 법칙에 관한 독특한 연구를 했다. 똑같은 사건을 두고 누군가는 행운이라고 생각하고 또 다른 누군가는 재수가 없다고 생각한다. 예를 들어보자. 은행에 갔는데 백 명에 가까운 사람들이 창구에서 자신의 차례를 기다리고 있었다. 그때 복면을 쓴 강도가 나타나 총을 쐈는데 하필 당신 팔에 맞은 것이다. 이것은 운이 좋은 걸까, 아니면 지지리도 재수가 없는 걸까?

와이즈먼의 연구에 따르면, 이것은 어떤 반사실적(Counter-factual) 추리를 이용해 사건을 해석하는지에 따라 달라진다. 평소 상황과 비교하면 은행 강도에게 총을 맞은 사건은 분명히 불행한 일로 분류된다.

그리고 '왜 하필 나지? 그렇게 많은 사람 가운데 내가 총에 맞은 이유는 뭘까?'라는 생각에 빠져든다. 시선을 바꾸고 다른 각도에서 보면 전혀 다른 해석도 가능하다. '강도가 쏜 총알이 머리나 심장에 맞지 않고 팔에 맞아서 중상으로 이어지지 않은 거야. 아니면 생명까지 위험할 뻔했는데 난 정말 행운아 같아!' 유머도 이와 같다. 새로운 시선으로 사물을 바라보면 유머감각이 훨씬 더 증가할 것이다.

숀은 와이즈먼의 연구에 관해 다음과 같은 설명을 덧붙였다. "지금 세계를 바라보고 분석하는 시선이 당신을 유머러스한 사람인지 아닌지를 결정한다."

여기에는 α와 β 두 가지 요소가 작용한다. α는 객관적인 현실 규제이며 외부에 객관적으로 존재하는 환경 조건을 뜻한다. β는 현실에 대한 주관적인 감정이다. 같은 환경에 처한 사람들의 주관적인 감정은 각기 다르다. 같은 시간 같은 환경에 있더라도 무료한 사람, 흥분하는 사람, 재미있어하는 사람, 긴장하는 사람 등 다양한 모습을 관찰할 수 있다.

긍정 심리학 연구에서 β는 가변적인 성질을 가지기 때문에 β에 변화를 주어 인간의 행동을 변화시킬 수 있다. 이때 유머는 아주 유용한 수단이다.

하버드 의과대학에서 '테트리스 효과'에 관한 연구를 했다.

■■■■■ 하버드 연구팀에서는 대학생들에게 4시간 동안 테트리스 게임을 즐기게 했다. 그리고 기숙사로 돌려보낸 뒤에 어떤 변화가 일어나는지 살펴보았다. 한 학생은 슈퍼에 가서 진열대에 어지럽게 놓인 식빵을 한 줄로 나란히 정렬했다. 또 한 학생은 거리에서 자동차를 보면 이런 생각을 했다. '저 두 대의 차를 이곳으로 옮기면 한 줄로 정렬할 수 있겠다.' 실험에 참가한 대학생 중 한 남학생은 스포츠 잡지에서 수영복을 입고 찍은 사진을 보고 'Z형 자세를 취한 모델을 여기로 옮기면 한 줄로 정렬할 수 있는데…….' 라고 생각했다.

우리 뇌에 입력되는 모든 정보는 뇌파를 가지고 있는데, 뇌에서 동일한 정보를 너무 많이 받아들이면 '인지 잔상' 모델을 형성하게 된다. 태양을 오랫동안 바라보고 있으면 일시적으로 망막에 화상을 입어서 사물을 볼 때마다 파란색 또는 초록색 점이 눈앞에 따라 다닌다. 이처럼 뇌가 동일한 정보를 받아들이고 인지하는 과정에서도 잔상이 남는다. 테트리스 연구에 참여한 학생들에게도 인지 잔상이 생겼다고 볼 수 있다. 이 잔상은 뇌에 일정 시간 머물면서 세상의 모든 사물을 변형시키고 게임에서처럼 사물을 하나로 정렬하려는 경향을 보인다. 유머러스한 사람은 보이는 모든 사물을 유머러스하게 해석한다. 종이 한 장을 봐도 그 안에서 재미를 찾아낸다.

피터 버거Peter Berger는 말했다. "유머는 우리를 잠시 현실에서 벗어나게 하며, 현실과는 다른 무언가를 보게 해준다. 현실은 언제든지 바뀔 수 있다."

유머가 주는
긍정적인 영향

유머는 우리에게 긍정적인 영향을 미친다.

첫째, 유머는 스트레스를 효과적으로 줄여준다. 유머가 우리의 부교감신경을 자극하여 교감신경 활동을 억제하기 때문이다. 교감신경체계는 신체의 화학물질을 해소하는 역할을 담당하며, 우리가 반응을 준비하거나 싸우거나 도망치게 한다. 또한 일시적으로 더 강하고, 빠르고, 활력 넘치는 슈퍼맨으로 만들어 준다. 하지만 슈퍼맨이 되면 과도한 능력 때문에 신체 기관과 조직이 손상될 수 있다. 다행인 것은 중추신경 계통의 부교감신경 체계가 신체를 안정시키고 호흡률과 심장박동률을 낮춘다는 사실이다. 연구에 따르면 부교감신경체계를 가장 효과적으로 활성화시킬 수 있는 완충재가 바로 유머이다. 유머는 스트레스를 줄이는 데도 아주 효과적이다.

둘째, 스트레스를 받으면 체내에 코르티솔 수치가 상승하지만 크게 한 번 웃으면 코르티솔 수치가 떨어진다. 다시 말해 스트레스를 받는 상황에서도 웃을 수 있다면 그로 인한 부작용을 크게 낮출 수 있다.

셋째, 유머는 면역체계를 강화한다. 유머는 체내의 T세포와 감마 인터페론(질병 저항 단백질)을 증가시키고, B세포(항체 생성을 담당)를 증가시키기 때문에 질병 저항 능력을 높여준다. 스티브 솔타노프Steve Sultanoff 연구팀은 기관지천식 환자에게 진드기를 접촉하게 하는 실험을 진행했다. 기관지천식 환자들은 진드기에 극도로 예민한 편이라서 만지게 하자 즉시 알레르기 반응을 보였다. 실험에서 절반의 환자들에게는 진드기를 만지기 전에 농담을 들려주었고, 나머지 환자들과는 일상적인 대화를 나누었다. 그 결과 농담을 들은 그룹이 그렇지 않은 그룹보다 천식 발작 비율이 훨씬 낮았다.

넷째, 유머는 고통을 참는 능력을 높여준다. 독일의 한 연구팀에서는 피실험자를 두 그룹으로 나눠 손을 얼음물에 넣고 고통을 가중시키는 실험을 했다. 물론 인체에 영구적인 손상을 입히지는 않았다. 실험 전에 한 그룹에는 재밌는 영상을 보여주고, 나머지 한 그룹에는 슬픈 영상을 보여주었다. 그 결과 재밌는 영상을 본 그룹이 그렇지 않은 그룹보다 고통을 더 오래 참는 것으로 나타났다. 더 놀라운 사실은 유머의 효과가 실험 중에만 영향을 미친 게 아니라, 영상을 다 시청하고 20분 뒤에 다시 실험을 했을 때까지도 영향을 미쳤다는 점이다. 놀랍게도 두 번 다 동일한 결과가 나왔다. 이 실험은 평소 만성피로나 만성병에 시달리는 사람도 유머를 통해 피로나 고통을 줄일 수 있다는 사실을 증명한다.

다섯 째, 유머는 암 환자의 호전율을 높여준다. 예를 들어, 고환암에 관한 연구에 따르면 암 환자가 웃으면 웃음이 심리 대응 기제가 되어 증상이 완화되고, 고통을 참는 능력이 크게 증가한다. 그 결과 암 환자의 스트레스도 줄어들었다.

이처럼 유머는 이점이 많다. 신체의 화학적 변화를 가져오고, 면역체계를 강화하며, 질병에 저항할 수 있도록 돕는다. 스트레스를 줄여주고, 진드기나 암에 대한 반응을 크게 개선시킨다.

바쁘고 정신없이 살아가는 현대인에게 유머는 반드시 필요한 예술이자, 온갖 고민과 근심을 날려 줄 수 있는 좋은 수단이다.

유머는 사회를
즐겁게 만든다

유머는 즐거운 사회 분위기를 조성한다. 누군가를 처음 만났을 때 유머를 할 줄 아는 사람은 더 매력적으로 비친다. 서로 잘 모르는 피실험자를 세 그룹으로 나누어 실험을 진행했다. 첫 번째 그룹은 게임을 한 뒤 상대방의 매력지수를 평가했는데 전반적으로 낮은 점수를 기록했다. 두 번째 그룹은 함께 미션을 완료하도록 한 뒤 상대방의 매력지수를 평가했는데 전반적으로 높은 점수를 기록했다. 세 번째 그룹은 당혹스러운 사건을 겪게 했다. 누군가 실수로 다른 사람의 몸에 물을 쏟고 당황해 하며 "이런, 손발이 느려서……" 라는 말과 함께 자리를 떠나게 한 뒤 상대방의 매력지수를 평가했는데 놀랍게도 세 그룹 중 가장 높게 나왔다.

사람들은 멋진 몸매를 가진 사람을 좋아하는 것처럼 다른 시각으로 세상을 바라볼 줄 아는 유머러스한 사람을 좋아한다.

또 유머는 인간관계의 윤활제 역할을 한다. 존 가트맨John

Gottman은 말했다. "토론장에서 의견충돌이 있거나 결혼생활에 문제가 있을 때, 가장 좋은 해결방법은 시각을 바꾸는 것이다."

　영국의 윈스턴 처칠 수상이 유머로 위기를 모면한 일화는 아주 유명하다.

　■■■ 제2차 세계대전이 끝나갈 무렵, 동서진영의 지도자가 이집트 카이로에 모여 회의를 개최했다. 하루는 미국의 루스벨트 대통령이 다급한 발걸음으로 처칠을 찾았다. 루스벨트는 성격이 매우 조급하여 처칠의 수행원이 방문을 사절한다는 말을 미처 하기도 전에 거실로 발을 옮겼다.

아무도 없는 거실을 본 루스벨트는 옆에서 처칠의 노랫소리를 듣고 소리가 나는 곳을 따라갔다. 그가 도착한 곳은 처칠이 욕조에 누워 목욕을 즐기고 있던 욕실이었다. (처칠은 섭씨 40도가 넘나드는 후덥지근한 카이로의 날씨를 견디지 못하고 사무가 없는 한낮에는 종종 욕조에서 거품목욕을 즐겼다.)

욕실에서 마주친 두 지도자는 서로 당황했지만 루스벨트가 먼저 입을 뗐다. "급한 일이 있어서 찾아왔습니다. 이곳도 괜찮으시다면 솔직하게 대화를 나눠보고 싶군요." 처칠은 욕조에 누워 태연한 자세로 답했다. "이런 상황에서의 대화라면 저를 믿으셔도 되겠어요. 저는 지금 당신 앞에서 가리고 있는 게 아무것도 없으니까요."

두 지도자는 유머러스한 대화를 통해 전쟁의 화약 냄새를 뒤로 하고 성공적인 결과를 이끌어 냈다. 이는 후세에 재밌는 미담으로 전해졌다.

적절한 유머는 충돌을 완화하고 상대방에 대한 감정을 부드럽게 해주는 최고의 윤활제이다.

유머의 최대 기능은 과거에 부정적으로 생각했거나 고민하던 일을 바꿀 수 있다는 사실이다. 따라서 의식적으로 유머감각을 키울 필요가 있다. 숀 교수는 네 가지 방법을 제시했다.

1. 유머 일기를 쓴다. 구체적인 방법은 다음과 같다. 주변을 잘 관찰하고 일상생활에서 재밌는 일과 긍정적인 일을 찾아내어 그에 관한 일기를 쓴다. 또한 하루의 일과를 돌아보고 몇 가지 사건을 기록할 수도 있다. 그 안에서 유머를 발견할 수 있을 때까지 변형하고 방향을 바꿔본다. 일기를 오래 쓰면 뇌에 유머코드가 형성되어 삶에서 재미있는 일들을 훨씬 용이하게 찾을 수 있다.

2. 유머러스한 사람을 관찰하고 그들에게 배운다. 유머러스한 사람을 관찰하다 보면 거울 뉴런(Mirror Neuron, 상대가 웃으면 뇌의 일부가 자극되면서 따라서 웃게 된다.)신경이 작동해 유머를 모방하게 된다. TV에서 운동을 잘 못 하는 사람을 보고 있으면 덩달아 운동을 잘 못 하게 되고, 운동을 잘하는 사람을 보고 있으면 저

절로 그 운동을 잘하게 되는 것과 같다. 그러니 유머러스한 사람이 되고 싶다면 유머러스한 사람을 잘 관찰하는 것에서부터 시작한다.

3. TPQ(Tridimensional personality questionnaire, 3차원 인성 설문조사)를 이용한다. '나는 왜 이렇게 재미가 없지?', "왜 사람들은 내 유머를 이해하지 못하지?"라는 질문을 스스로 해본다. 자존감을 높여야 유머감도 올릴 수 있다.

4. 부족한 자신을 인정하라. 베르그손에 따르면 슬픈 사건에 직면한 사람들은 일시적으로 마음이 마비되어 어딘가로 숨으려 한다. 부족한 자신을 인정하지 못하는 것은 우리가 가진 이드의 충동을 인정하지 않는 것이다. 이런 상태에서 벗어나기 위해서는 다양한 시도가 필요하다. 이런 시도는 많으면 많을수록 다양한 가능성을 보장한다.

작은 긍정은 큰 긍정을 가져오는 양성순환을 한다.
작은 행복은 큰 행복을 끌어당기는 마법을 부리고 작은 성공은 큰 성공의
바탕을 다지는 기초제가 되어 준다.
자신에게 휴식을 허락하고 의미 있는 관계들을 맺으며
완벽보다 최선을 추구하는 삶의 자세는
작은 사랑과 긍정과 성공을 시작하게 하는 출발선이 되어 준다.

3

—

행복을 위한
다섯 가지 지침서

행복도
목표 설정이
필요하다

가장 관심 있는 일이
바로 가장 하고 싶은 일

일의 효율을 높이려면 어떻게 해야 할까? 불안함을 없애기 위한 효율적인 방법은 없을까? 목표를 설정하는 게 중요하다. 목표를 설정하면 행동의 변화를 가져올 수 있고, 게으름이 줄어들며, 효율이 오른다. 그 이유는 무엇일까? 자주 목표를 설정하는 사람은 목표에 집중하기 때문에 어떤 일을 하든 성공할 확률이 높다. 때로는 방향을 잃기도 하고 목표를 달성하지 못할 거라는 생각도 하지만, 바로 다시 올바른 방향을 설정하고 성공에 필요한 내부 자원과 외부 자원을 찾는다.

세계적인 경영학자 피터 드러커Peter Drucker는 말했다. "직원들이 각자의 업무에 집중하면 조직의 효율은 올라간다. 이때 내부적인 요소와 함께 외부 환경에도 주목해야 한다." 목표의 중요성은 말하지 않아도 알 것이다. 일단 목표를 설정하면 자신과 주변에 사적, 공적인 변화가 발생하며, 개인의 인지능력과 행복감을 향상시켜준다. 또한 적응력이 강화되어 경험을 통해 교훈을 얻고 미래지향적인 사고를 하게 해준다.

사람은 누구나 시련을 겪기 마련이고, 불확실한 미래 때문에 고민한다. 이런 내부적인 갈등을 해결하는 데 가장 효과적인 방법은 명확한 목표를 설정하는 것이다. 달성해야 할 목표에 집중하면 갈등과 고민에서 서서히 멀어지게 된다.

이는 인간관계에서의 갈등을 해결하는 방법과 비슷하다. 회사에서 동료와 마찰이 생겼을 때 일방적으로 사과를 요구한다면 오히려 관계를 더 악화시킬 수 있다. 그보다는 두 사람이 공동의 목표를 향해 달려갈 수 있도록 해주는 게 좋다.

올바른 목표는 어떤 기준으로 선택하는 게 좋을까? 자신에게 어울리는 목표를 선택하는 게 이상적이다. 평소 흥미를 가지고 있거나 자신의 이상 또는 가치관과 일치하는 것이 좋다. 의학을 공부하는 목적은 죽어 가는 사람을 구하고 아픈 사람을 치료하기 위해서이며, 경제를 배우는 목적은 시장에 흥미가 있기 때문이다. 좋은 목표란 외부의 강압에 의해서가 아니라 스스로 선택한 것이어야 한다. 의무나 책임감으로 결정한 것이 아니라 진정으로 흥미를 느껴야 한다.

긍정 심리학 연구에 따르면 인간의 정신력은 행복에서 중요한 부분을 차지한다. 인간은 머릿속으로 중요하다고 생각하는 일이 있을 때 강한 정신력을 발휘한다. 무엇을 선택했는지보다는 선택한 목표가 가장 원하는 것인지가 더 중요하다. 성공한 인물들이 위대한 성과를 거둘 수 있었던 이유는 자신의 일을 좋아하고 그로 인한 스트레스까지 기꺼이 감수했기 때문이다. 사람들이 각자 좋아하는 목표를 선택한다면 세상은 좀 더 아름다워질 것이다.

자신이 가장 좋아하는 목표를 설정한 사람은 열심히 노력하고 최선을 다한다. 즐거운 마음으로 일하면 효율은 저절로 올라간다. 열정이 클수록, 즐거움이 클수록, 목표를 더 빠르고 쉽게 달성할 수 있다. 이들에게 성공의 문이 활짝 열려 있는 것은 당연하다. 이것이 바로 인생의 진리다.

성공은 양성순환한다. 성공한 경험이 많아질수록 즐거운 마음으로 다음 목표를 설정한다. 어떤 분야에서 칭찬을 듣거나 스스로 잘한다는 생각이 들면 기분이 좋아지고 더 적극적으로 참여하게 된다. 이처럼 성공의 양성순환이 이루어지는 것이다.

행복은 자기 일관성 목표와
행동 가치관의 결합

자기 일관성 목표란 자신이 흥미를 느끼고 가치를 두는 것이며, 가장 열정적으로 완수하고 싶은 목표를 뜻한다. 샤하르는 대학 때 오하드 카민Ohad Kamin 교수에게 자기 일관성 목표를 찾는 방법을 배웠다. "자신이 할 수 있는 일을 찾고, 그중에서 자신이 하고 싶은 일을 찾아 리스트를 작성하세요. 리스트가 많든 적든 상관없습니다. 리스트에서 가장 하고 싶은 일을 몇 개로 추리고, 그중에서 다시 더 하고 싶은 일 하나를 선택하세요."

자아 일관성 목표와 행동 가치관을 동시에 드러낼 때 완전한 쾌락과 성취감을 즐길 수 있다. 자아 일관성 목표를 설정하면 자아가 해방되며 결과와 목적지에 주목한다. 행동 가치관이 주목하는 것은 과정 자체이다. 어떻게 목표를 달성하고, 목적지에 갈 것인가? 강한 학습능력을 이용할 것인가 아니면, 리더십을 발휘할 것인가? 자기 일관성 목표와 행동 가치관이 결합되면 미래의 결과와 현재의 과정에 모두 주목하기 때문에 목표를 달성하는 과정에서 쾌락을 느낄 수 있다.

행동 가치관은 크리스 피터슨Chris Peterson과 마틴 샐리그만 Martin Seligman이 공동으로 제시한 개념이며, 어떤 행동을 할 때 나타나는 성격, 도덕관, 가치관을 의미한다. 다시 말해 '나는 어떤 인격유형을 가지고 있는가?', '내 인격은 어떤 장점을 가지고 있는가?'에 관한 것이다. 요즘 유행하는 아홉 가지 인격유형은 일부 국가나 성별, 직업에 국한되지 않고 보편적으로 나타난다.

행동 가치관은 자아 일관성에 관한 과정이다. 우리가 목표와 결과를 설정하면 목적지를 갖게 된다. 이는 자아를 해방시켜 지금 이 순간에 충실할 수 있게 도우며, 결과를 향해 매진하도록 부추긴다.

행동 가치관은 과정을 중요하게 생각한다. 어떻게 결과와 목적지에 이를 것인가? 열심히 공부할 것인가? 공부에 대한 열정을 이용할 것인가? 아니면 신앙의 힘에 기댈 것인가? 신앙과 경외를 인격의 힘으로 본다면 목적지로 가는 과정을 즐길 수 있게 도와줄 것이다. 즉, 자기 일관성 목표와 과정을 설정하면 쾌락을 느낄 수 있으며, 이는 현재의 장점(과정)과 미래의 장점(결과)을 모두 포괄한다.

많은 연구 결과에 따르면 행동 가치관을 찾고 실천하기 위해 노력한다면 양질의 행복과 성공을 맛볼 수 있다. 행동 가치관을 찾기 위해서는 어떻게 해야 할까?

윌리엄 제임스Willian James는 말했다. "한 사람의 성격을 파악하는 가장 좋은 방법은 도덕적 태도를 확인하는 것이다." 우리는 언제 진정한 자신의 모습을 드러내는가? 긍정적인 태도로 최선을 다할 때인가, 아니면 신중하게 미래에 대한 계획을 세울 때인가? 인격의 힘에 따라 행동할 때 우리는 활력이 넘치고 의욕적으로 변한다. 이것은 내부에서 나오는 본능적인 힘이다.

사람들은 다양한 인격의 힘을 가지고 있다. 인격의 힘을 확인하고 그것으로 가치를 창조할 때 행동 가치관을 찾을 수 있다.

목표를 달성하기 위한 굳은 의지

사람들은 종종 목표를 세우기만 하고 끝까지 완수하지 못한다. 목표를 끝까지 달성하기 위해서는 어떻게 해야 할까? 샤하르 교수는 두 가지 방안을 제시했다.

첫째, 퇴로를 차단하라

가방을 메고 길을 가는데 눈앞에 갑자기 높은 담장이 나타났다고 가정해 보자. 어떤 선택을 하겠는가? 1. 뒤돌아 간다. 2. 무슨 수를 쓰더라도 담장에 구멍을 뚫고 지나간다. 3. 가방을 담장 뒤로 던진다. 이중 세 번째 방법이 가장 좋은 묘책이다. 담장을 넘어가서 가방을 되찾기 위해 노력하게 되기 때문이다.

필요는 창조의 어머니다. 창조성은 도망칠 퇴로가 없을 때 크게 폭발한다. 가방을 담장 뒤로 던지면 담장을 넘어야 할 이유가 생기기 때문에 구멍을 뚫든, 돌아가든, 넘어가든 다양한 시도를 하게 된다. 담장을 넘기 위한 수많은 아이디어가 떠오를 것이다.

긍정 심리학 연구에 따르면 일단 목표가 정해지면 뇌에서는 현실을 재설계한다. 사람들이 많이 모인 장소에서 누군가 그곳에 몇 명의 여자가 있는지 묻는다면, 그때까지 주의를 기울이지 않다가도 질문을 받는 즉시 주변에 있는 여자들을 찾아낼 것이다. 이것은 가방을 되찾기 위해 담장을 넘는 것과 같다. 가방을 담장 너머로 던진 순간, 문제는 담장을 넘을 수 있을까가 아니라, 어떻게 넘을 것인가로 바뀐다. 그런 상황에서 담장을 넘을 방법은 무궁무진하다.

둘째, 언어의 힘을 이용하라

언어는 뇌에 이미지를 만들어낸다. 뇌는 허구의 이미지와 현실의 이미지를 잘 구별하지 못하기 때문에 두 개를 일치시키려고 하는 경향이 있다. 머릿속 이미지를 현실로 만드는 것, 이것이 바로 목표 설정의 역할이다!

언어는 뜻과 힘을 가진다. 특히 자신의 목표를 주변 사람들에게 알리는 것은 큰 의미가 있으며, 실현 가능성을 더 높여준다. 샤하르 교수는 입 밖으로 무언가를 이야기하면 이루어질 가능성이 높아진다고 말했다. 이는 글로 대체해도 마찬가지다. 말과 글은 큰 힘을 가진다. 세계적인 슈퍼스타 이소룡도 이런 방법으로 자신의 꿈을 실현했다.

━━━ 이소룡은 1940년대 중국계 미국인 배우의 아들로 태어났다. 배우 아버지를 둔 이소룡은 어릴 적부터 엑스트라로 출현할 기회가 종종 있었고, 자연스럽게 배우의 꿈을 꾸기 시작했다. 아버지는 허약한 아들이 걱정되어 어릴 때부터 무예를 연마하도록 했다. 1961년 워싱턴 주립대학에 입학해 철학을 공부했으며 졸업 후 평범하게 결혼을 하고 가정을 이루었다. 하지만 마음속 깊은 곳에 항상 배우의 꿈을 버리지 못하고 있었다.

하루는 친구와 꿈에 대한 이야기를 하던 중 쪽지에 자신의 꿈을 써보았다. "나 브루스 리는 미국 최고의 연봉을 받는 슈퍼스타가 될 것이다. 그러면 최고의 연출과 감동적인 연기를 보여줄 테다. 1970년대부터 세계적인 명성을 떨치기 시작할 것이고, 1980

년대에는 천만장자가 될 것이다. 나와 가족들은 언제나 즐겁고 행복한 나날을 보내게 될 것이다."

이 쪽지를 쓸 당시 그는 빈털터리였다. 누군가 그의 쪽지를 봤다면 조롱거리가 됐을지도 모른다. 그는 자신이 쓴 글자 하나하나를 가슴에 새기고 역경을 이겨냈다.

1971년 이소룡은 〈맹룡과강(The Way Of The Dragon)〉을 비롯한 몇 편의 영화의 주연을 꿰차며 박스 오피스 기록을 경신했다. 1972년에는 홍콩 골든하베스트嘉禾와 미국 워너브러더스Warner Brothers가 합작한 영화 〈용쟁호투(Enter the Dragon)〉의 주연으로 열연해 일약 쿵푸액션 스타로 세계적인 명성을 떨쳤다. 1998년 이소룡은 중국인 최초로 미국 타임지가 선정한 '20세기 영웅' 중 한 명이 되었다.

1973년 7월, 이소룡은 한창 나이에 요절했다. 미국 캘리포니아주에서 열린 유품 경매에서 그의 쪽지는 29만 달러로 낙찰되었고, 2,000여 장의 사본도 순식간에 팔려나갔다.

설정한 목표를 쓰거나 말하는 행위는 목표를 달성하겠다는 맹세가 된다. 사람들은 맹세하는 순간 내적, 외적 자원을 이용하기 시작한다.

합리적인 목표는
우리를 행복하게 한다

왜 사람들은 큰 성공을 거두고도 행복을 느끼지 못할까? 알코올 중독에 빠지고 마약에 손을 대는 이유는 무엇일까? 돈과 명예, 지위 등 모든 것을 다 가지고도 잘못된 선택을 하는 이유는 무엇일까? 이들의 특징은 성공 자체를 행복으로 착각하고 살아왔다는 점이다. 성공을 추구하는 과정에서 힘들거나 지칠 때마다 '성공만 하면 지금의 고통은 사라지고 행복해질 거야'라며 스스로 위로하지만 현실은 생각과 다르다. 명성을 얻은 당시에는 행복으로 충만해지지만 얼마 후 바로 원상태로 돌아가고 만다. 성공하면 행복해질 줄 알았는데 예상했던 것만큼 큰 기쁨을 느끼지 못하자 불안해지는 것이다. 심지어 극심한 공포에 시달리기도 한다. 앞으로 어떻게 해야 할지 갈피를 잡지 못하기 때문이다. 이때 술이나 마약 등 자극적인 것에 기대어 현실을 잊으려는 사람들이 많다.

문제를 해결하기 위해서는 목표에 대한 인식을 바꿀 필요가 있다. 행복은 사회적인 지위나 은행 잔고가 아닌 사람들의 태도에 달려 있다. 현재 자신의 마음 상태와 관심사가 무엇인지가 중요하다. 행복해지기 위해서는 지금 이 순간을 중요하게 생각해야 한다. 샤하르 교수는 말했다. "행복은 정상을 정복하는 것도 아니고, 맹목적으로 오르는 것도 아니다. 바로 정상을 향해 올라가는 과정이다."

혹자는 목표를 설정하는 것 자체만으로도 큰 부담을 느끼는데, 이는 목표에 대한 이해가 잘못되었기 때문이다.

꿈꿔왔던 위치에 오른 사람들은 잠깐의 행복을 느낄 뿐 다시 원상태로 돌아가는 경험을 하게 된다. 복권에 당첨되거나 큰돈을 벌어도 행복은 일시적인 것에 불과하고 오래 유지되지 않는다. 이처럼 목표를 실현한다고 해서 그 자체가 행복을 가져다주지는 않는다. 그렇다면 행복을 오래 유지하기 위해서는 어떻게 해야 할까?

샤하르 교수는 목표를 달성했을 때보다는 목표를 가지고 있을 때가 더 행복하다고 말했다. 명확한 목표는 우리를 해방시키고 현재에 충실할 수 있게 돕는다. 여행을 가는데 목적지도 모르고, 목표도 없다면, 방향을 설정하기도 어렵고 여정을 즐기지도 못할 것이다. 매 순간 주변을 두리번거리며 잘못된 것은 없는지 긴장하며 여행을 해야 하기 때문이다. 반대로 여행의 목적지를 알고 명확한 목표가 있다면 해방감을 느끼며 여정을 즐길 수 있다. 길가에 핀 꽃을 감상할 수도 있을 것이다.

왜 은퇴한 사람들은 예전보다 행복감을 느끼지 못하는 걸까? 회사를 다닐 때는 은퇴만 바라다가도 막상 은퇴를 하고 나면 행복감이 줄어드는 이유는 무엇일까? 은퇴를 하면 목표가 사라지기 때문이다. 은퇴 후에도 여전히 행복한 삶을 사는 사람들은 노인대학에서 새로운 지식을 배운다든지, 가족들과 시간을 보낼 계획이 있다든지 명확한 목표를 가지고 있다.

주변을 둘러보면 목표를 설정하고도 잘못된 선택을 한 건 아닌지 걱정하는 사람들이 많다. 샤하르 교수는 충고한다. "다른 길을 선택하면 더 성공할 수도 있겠죠. 하지만 그것은 중요하지 않습니다. 중요한 사실은 목표를 설정하고 약속을 하는 것입니다. 그 약속이 3일에 한 번씩 바뀌어도 상관없습니다. 목표를 달성하는 과정을 즐기면 그만입니다."

하나의 길을 선택했다면 후회하지 않는 게 좋다. 어떤 선택이든 최선을 다해 노력한다면 분명 행복해질 수 있기 때문이다.

tip　목표 설정을 위한 세 가지 팁

샤하르 교수는 목표의 중요성에 대해 여러 번 강조했다. 그렇다면 즐거움을 가져다줄 수 있는 목표를 설정하기 위해서는 어떻게 해야 할까? 샤하르 교수는 세 가지 팁을 제안했다.

첫째, 목표를 글로 작성한다. 글로 쓰는 것은 말로 선언하는 것보다 효과적이다. 예를 들어 업무계획이나 학습계획을 세우고 종이에 써서 눈에 잘 보이는 곳에 둔다. 이러면 볼 때마다 각성하고 격려하는 효과가 있다.

둘째, 데드라인을 정한다. 마지막 날짜를 정해두면 시간을 고려해 일을 처리할 수 있게 된다. 목표를 세우는 사람은 많지만 실천 시간표를 작성하는 사람은 없다. 더 이상 시간을 낭비하지 말자.

셋째, 목표를 구체화한다. "매출액을 올리겠습니다", "더 건강해지겠습니다"와 같이 모호한 목표보다는 "일 년 안에 매출액을 5% 올리겠습니다", "일주일에 나흘 이상 2킬로미터를 뛰겠습니다"처럼 구체적인 목표를 설정하는 게 좋다. 구체적인 목표가 있으면 행동으로 실천하기도 편하고 과정에서 큰 보람과 즐거움을 느낄 수 있다.

행복은 목표를 달성했는지에 달린 게 아니라 목표를 달성해 가는 과정에 있다. 올바른 목표를 설정했는지는 목표 자체가 아니라 그 과정을 추진할 수 있는지에 달려 있다.

데이비드 왓슨David Watson은 《긍정 심리학 (Handbook of Positive Psychology)》에서 말했다. "목표를 추구하는 과정에는 목표를 실현하는 것보다 행복을 실현하는 것이 더 중요하다."

자존감을 키우면
자아도
실현된다

자존감은
행복의 핵심

긍정 심리학 연구에 따르면 자존감과 행복의 상관계수는 0.6 이상으로 아주 높은 편이다. 자존감이 행복을 결정하는 유일한 요소는 아니지만 주요 요소인 것은 확실하다.

자존감이 높은 사람이 행복감도 높다. 자존감이 높은 사람들의 특징은 다음과 같다.

첫째, 심리상태가 건강하다. 자존감이 높은 사람은 심리 저항력과 위기 대응력이 뛰어나다. 6세 아동부터 96세 노인을 대상으로 인간의 일생을 살펴본 결과 자존감이 높은 사람일수록 심리 저항력이 강하고 불안, 우울, 불가피한 시련에 대응하는 능력이 뛰어났다.

나다니엘 브랜든은 자존감을 '의지면역계통'이라고 불렀다. 이는 절대 질병에 걸리지 않는다는 게 아니라, 확률이 적다는 뜻이다. 그리고 질병에 걸리더라도 빠르게 회복된다.

둘째, 자존감이 높은 사람은 연인, 부부, 친구, 가족관계 등 인간관계가 좋다.

셋째, 자존감이 높은 사람은 주변에 더 많은 쾌락과 행복을 전파한다. 연구에 따르면 자존감이 낮은 사람은 항상 불안함을 느낀다. 여기에서 말하는 불안은 건강하지 못한 감정으로 근거 없는 불안감을 의미한다. 브랜든은 이를 가리켜 '자존 불안(Self-esteem Anxiety)'이라고 불렀다. 예를 들면, 한밤중에 갑자기 불안감이 엄습하거나 이유 없이 불안과 공포에 시달린다. 자존감이 올라가면 심리 저항력이 강해져서 불안을 극복할 수 있다.

자존감을 높이기 위해서는 어떻게 해야 할까? 미국 자존감 연구의 창시자이자 심리치료사인 브랜든은 자존감을 삶에서 기본적인 역경에 맞서 대응하고 그 안에서 쾌락을 느끼는 감정이라고 정의했다. 자존감은 개인 효율성과 자기가치와 서로 연관된다. 자존감은 자신감과 자아 존중이 통합된 감정이자, 인생은 살 만한 가치가 있는 것이라는 확신이다.

개인 효율성과 자기가치는 자존감에 큰 영향을 미치며, 하나라도 부족하면 자존감은 크게 떨어진다. 샤하르 교수도 직접 그런 경험을 한 적이 있다.

    ■■■■■■ 대학교 4학년 때 불현듯 나는 자존감이 아주 낮다는 사실을 깨달았다. 장학금을 받을 만큼 학업 성적이 좋았고 친구들과의 관계도 나쁘지 않았으며 운동도 아주 잘하는 축에 속했지만, 성공에 질질 끌려다니는 것 같았다. 매번 좋은 성과를 거둘 때마다 자존감이 높아지긴 했지만, 얼마 가지 않아 예전 수준으로 떨어지기를 반복했다. 어떨 때는 자존감이 예전보다 현저히 낮아지기도 했다. 바닥까지 떨어진 자존감을 회복하기 위해 더 좋은 성과, 더 큰 보상을 얻어야 했다. 그러기 위해 엄청난 노력을 해야 했다. 그렇게 나의 자존감이 올라갔다 내려갔다를 반복했다…….

왜 샤하르 교수처럼 다방면에서 우수한 사람의 자존감이 이렇게 낮은 걸까? 자기가치, 즉 자아인식과 자기 존중감이 부족하기 때문이다.

자존감은 우리가 강한 인내심으로 불안, 우울, 불가피한 시련에 대응할 수 있게 하며, 더 큰 행복을 느끼도록 도와준다.

자존감을 둘러싼
세 가지 오해

사람들은 자존감에 대한 몇 가지 잘못된 생각을 가지고 있다. 샤하르 교수는 자존감을 둘러싼 오해를 풀어야 한다고 했다.

오해 1. 자존감이 강한 사람은 거만하다

자기애가 강하고 우쭐거리길 좋아하는 사람이라고 해서 반드시 자존감이 높은 것은 아니다. 공작새가 날개를 펴듯 과장된 몸짓으로 걷는 사람을 보면 어떤 생각이 들까? 거만하다는 생각은 들겠지만, 자존감이 높은 사람이라는 느낌은 들지 않을 것이다. 오히려 겸손하고 온화해 보이는 사람에게서 높은 자존감을 느낄 수 있다.

심리학자 롤리 메이Rolly May는 말했다. "나약한 사람은 타인을 얕보고, 열등한 사람은 강한 척하면서 자신을 위장하기 마련이다. 이들이 과시와 과장을 좋아하고, 강해 보이려고 애쓰는 이유는 자존 불안에서 벗어나고 싶기 때문이다."

거만과 과장은 자존감 과잉이 아니라, 자존감 부족이 초래한 결과에 불과하다.

오해 2. 근거 있는 칭찬이 자존감을 높여주는 데 유리하다

학교 선생님들은 종종 "정말 잘했어요"라는 칭찬을 한다. 쭈뼛쭈뼛하거나 머리를 긁적이며 질문을 생각해 내면 선생님은 습관적으로 "정말 좋은 질문이에요"라고 말한다. 하지만 샤하르 교수의 강의실에서 이런 상황이 연출된 적은 거의 없다. 그는 이런 방식으로 자존감과 자신감을 키워주는 방법에 반대하기 때문이다. 이런 방식은 단기적으로는 효과가 있을지 몰라도 장기적으로는 학생에게 도움이 되지 않는다.

샤하르 교수는 자존감은 공허하거나 근거 없는 칭찬으로 키워줄 수 있는 게 아니라고 강조했다. 이는 진정한 자존감이 아니라, 비현실적인 자기애만 형성시킨다. 자존감은 현실에 존재하는 것이다. 실질적인 칭찬, 실질적인 연습, 실질적인 성공 속에 존재하며 열심히 공부하고 노력한 대가로 주어지는 결과이다.

오해 3. 큰 성과가 높은 자존감을 형성한다

심리학자 베드너Bednar와 피터슨Peterson은 자존감은 성과, 사회적 지위, 돈과 무관하다고 말했다.

심리학 치료를 받은 환자들 중 한 명이 이런 고백을 했다. "지난 수 년간, 저는 삶에 의미를 찾지 못하고 방황했어요. 친구와 가족들은 항상 제 겉모습과 능력에 대한 칭찬만 해주었어요. 부모님은 저를 형제들 중 가장 우수한 성적으로 대학을 졸업한 자식이자, 잘나가는 회계사로 여겼죠. 다른 사람들 눈에는 제 인생이 꽤 괜찮아 보이지만, 저는 엄청난 중압감과 스트레스에 시달렸습니다. 6개월간의 심리치료를 통해 비로소 저를 돌아볼 기회를 가질 수 있었고, 불행하다고 느끼는 이유가 낮은 자존감에 있다는 사실을 깨달았어요."

자존감과 개인의 효율성과 자기가치는 상호보완의 관계를 가진다. 개인의 효율성과 자기가치 중 하나라도 부족하면 아무리 높은 성과를 거두었다 해도 높은 자존감을 형성하기 어려운 게 사실이다. 이상에서 언급한 샤하르 교수의 경험도 이러한 사실을 증명한다.

자존감의
3단계

자존감은 구체적으로 의존적 자존감, 독립적 자존감, 무조건적 자존감으로 나뉜다. 의존적 자존감은 가장 초보적인 단계로 대부분 사람이 경험한 적이 있다. 독립적 자존감은 두 번째 단계로 비교적 객관적으로 자신을 인식한다. 무조건 자존감은 '성인'에 가까워진 단계로 자존감의 최고 단계에 속한다.

단계별 자존감의 특징은 무엇이고, 서로 어떤 영향을 미치는가? 독립적 자존감과 무조건적 자존감을 키우기 위해서는 어떻게 해야 할까? 샤하르 교수는 다음과 같은 분석을 내놓았다.

의존적 자존감

의존적 자존감은 타인의 칭찬과 인정으로 생성되는 자존감이다. 따라서 의존성이 강하고 비교를 좋아한다. 의존적 자존감이 높은 사람은 항상 타인의 칭찬을 필요로 한다. 어떤 직업을 선택할지, 오늘 어떤 옷을 입을지, 모든 선택의 근거는 타인의 칭찬과 인정에서 출발한다. 또 의존적 자존감을 가진 사람은 타인과 비교하길 좋아한다. "나랑 그 사람 중에 누가 더 잘났어?", "그 사람이 나보다 일을 더 잘해?" 남들과 끊임없이 비교하며 자신이 더 나은 사람이라고 인정받길 원한다.

백설공주에 등장하는 왕비와 나치주의자는 모두 전형적인 의존적 자존감을 가지고 있었다. 그들은 자신의 감정을 외부적인 요소, 즉 요술 거울과 권력에 맡겼고 그것으로부터 인정받고 싶어 했다. 인종주의자도 비슷한 경향을 가진다. 그들은 항상 출

생지, 교육 배경, 피부색을 타인과 비교하면서 우월감을 느낀다.

의존적 자존감을 가진 사람은 삶의 원동력을 타인의 생각에서 찾는다. 명성과 지위가 높은 일을 하길 원하며, 반려자를 선택할 때 가족과 친구들의 평판을 매우 중시한다. 의존적 자존감을 가진 사람은 타인의 칭찬을 갈망하며, 타인의 의견에 따라 감정이 좌우된다. 연설을 할 때 관중이 열렬한 반응을 보이면 기분이 좋아지고, 반응이 없으면 바로 풀이 죽는 것과 같다.

의존적 자존감을 가진 사람은 타인과의 비교를 통해 판단을 내린다. 시험 성적이 남들보다 높으면 기뻐하고, 그렇지 않으면 속상해한다. 그리고 종종 '최선을 다했는데 나보다 성적이 좋은 사람이 있을 리 없어. 그러면 정말 우울할 거야'라는 생각에 쉽게 빠진다.

이처럼 타인의 칭찬이나 타인과의 비교를 통해 자존감을 형성한다면 쾌락과 행복을 느끼기 힘들다. 누구나 한 번쯤은 의존적 자존감 상태에 빠진다. 평범한 인간이기 때문에 타인의 평가나 비교에 신경 쓰지 않을 수 없기 때문이다.

독립적 자존감

독립적 자존감은 타인의 평가에 좌우되지 않으며 내부의 자아에서 생성된다. 타인의 칭찬을 갈망하고 비난을 두려워하며 완벽주의 경향을 가진 의존적 자존감보다 더 높은 수준의 자존감이다. 독립적 자존감이 높은 사람은 외부의 평가를 즐기며, 나에게 적대적인 상대일지라도 진리를 찾도록 도움을 줄 수 있다면 '경쟁자'와 기꺼이 친구가 되고 싶어 한다.

독립적 자존감을 가진 사람은 내면의 기준으로 자신을 판단한다. 예를 들면, 그들은 내면에 자기만의 정확한 기준이 있어서 열심히 공부했는지, 일에 최선을 다했는지 제대로 평가할 줄 알며, 외부에서 아무리 이러쿵저러쿵해도 그들의 평가에 흔들리지 않는다. 또한 자신의 능력을 평가할 때는 타인과 비교하는 게 아니라 과거의 자신과 비교한다.

독립적 자존감이 높은 사람은 타인이 얼마나 잘나가는지, 그들이 얼마나 행복한지 상관하지 않고 자신을 객관적으로 평가할 줄 안다. 그들의 원동력은 "내가 관심 있는 것은 뭘까? 좋아하는 것은 뭐지? 앞으로 어떻게 살아야 할까?"의 해답을 찾는 데 있다. 그들은 진리를 추구하며, 끊임없이 '경쟁자'를 찾아 헤맨다. 그들은 부정적인 판단을 두려워하지 않는다.

의존적 자존감이 강한 사람은 타인의 말과 행동에 많은 영향을 받는다. 타인이 걸어간 길을 선택하려는 경향이 강하며 심지어 맹목적으로 타인의 판단과 칭찬을 갈구한다. 반대로 독립적 자존감이 강한 사람은 정해진 틀에서 벗어나길 꿈꾸며, 남들이 한 번도 가보지 않은 길을 선택한다. 그렇다고 남들이 걸었던 길을 절대 가지 않는다는 뜻은 아니다. 그들이 정말 원한다면 남들이 걸었던 길이든 아니든 신경 쓰지 않을 뿐이다.

무조건적 자존감

무조건적 자존감은 자연 상태를 뜻한다. 즉 자연스럽게 존재하는 것이다. 무조건적인 자존감을 가진 사람은 안정적이며 타인의 평가에 구애받지 않고, 자기만의 기준으로도 평가하지 않는다.

무조건적 자존감이 강한 사람은 자신의 능력을 평가할 때, 타인이나 자신과 비교하지 않으며 자연스러운 상태 그 자체를 중시한다. 예를 들어 책을 쓰는 작가라면, 의존적 자존감이 높은 사람은 다른 책과 비교하며 타인의 칭찬과 평가에서 기운을 얻는다. 독립적 자존감이 강한 사람은 자신의 집필 능력이 발전하는 데 만족하며 스스로 책의 좋고 나쁨을 평가한다. 무조건적 자존감이 강한 사람은 책을 쓰는 목적이 아주 단순하다. 좋은 생각을 글로 표현하고자 함이다. 이들은 다른 좋은 책을 발견했다 해도 아주 만족해한다. 자신과 타인을 분리해서 생각하지 않고 그들을 대립 면에 놓지 않기 때문이다.

무조건적 자존감은 영화감상과 비교할 수 있다. 영화를 보면 극중 인물과 감정을 공유한다. 사랑하는 사람과 생이별을 하면 함께 아파하고, 행복해하는 모습을 보면 함께 기분이 좋아진다. 이때 사람들은 자연스럽게 자신이 극중 인물의 일부라고 생각한다. 왜 그럴까? 극중 인물이 큰 성과를 거두었든 뛰어난 외모를 가지고 있든 모두 영화 속 허구에 불과하며, 이는 자존감에 위협이 되지 않는다. 무조건적 자존감을 가진 사람은 일상생활에서도 타인과 감정을 공유할 수 있다. 이것이 무조건적 자존감을 가진 사람들의 매력이다.

━━━━ 샤하르 교수의 롤모델인 워렌 베니스Warren Bennis는 무조건적 자존감을 가지고 있는 사람이다. 그는 여러 대학에서 강의를 했으며 하버드 경영대학원에서 3년간 가르쳤는데, 그 첫 해에 샤하르를 가르쳤다. 샤하르는 강의를 들으며 그의 매력에 빠져들었다. 이듬해 조교가 된 샤하르는 가까이서 그를 지켜볼 기회가 많았다. 워렌은 당시 80세였지만 항상 활력이 넘쳤고, 그의 미소와 행동은 주변 사람들을 즐겁게 했다.

샤하르는 워렌 베니스를 존경하며 그처럼 매력적인 사람이 되고 싶다고 생각했다. 어느 날 그가 물었다. "교수님처럼 되려면 어떻게 해야 되나요?" 워렌은 젊은 샤하르의 어깨를 치며 온화한 미소를 지어 보였다. "나도 태어날 때부터 이런 건 아니라네."

워렌 베니스가 한 말의 의미는 무조건적 자존감은 하루아침에 형성되는 것이 아니며, 시간과 노력, 그리고 수많은 실패와 경험을 통해 조금씩 쌓여가는 과정이라는 뜻이다.

자존감을 키우는 과정은 자아실현의 과정이다.

인간이 세상에 처음 나올 때는 자존감을 가지고 있지 않다. 시간이 흐르면서 타인의 평가를 통해 자신을 이해하게 된다. 즉, 의존적 자존감이 형성된다. 그리고 자아가 생기면서 과거의 자신과 비교하며 독립적 자존감을 키워나가기 시작한다. 독립적 자존감이 충분히 강해지면 자연스럽게 존재하는 단계인 무조건적인 자존감이 형성된다.

자존감은 반드시 1단계를 거쳐 2단계로 진입하고, 2단계를 거쳐 3단계로 넘어가며, 어떤 과정도 건너뛸 수 없다. 따라서 누구나 의존적 자존감 단계를 경험한다. 어릴 때 건강한 의존적 자존감을 형성했다면 시간이 흘러 독립적 자존감 단계로 넘어갈 수 있다.

건강한 독립적 자존감을 형성한 사람이라면 최고 경지인 무조건적 자존감에 이를 것이다. 독립적 자존감과 무조건적 자존감은 우리에게 쾌락과 행복을 가져다주지만, 의존적 자존감은 오히려 걸림돌이 될 때가 많다.

그렇다고 의존적 자존감은 없애야 하고 독립적 자존감이나 무조건적 자존감만 중시해야 한다는 말은 아니다. 샤하르 교수는 말했다. "칭찬을 들었을 때 기분이 좋고, 비난을 들었을 때 상처를 받는 것은 인지상정이며 본성의 일부다. 우리가 본성을 억누르려 하면 할수록 더 큰 반발을 가져오게 된다."

독립적이고
자주적인 이드

샤하르 교수는 무조건적 자존감 단계로 진입하려면 독립적이고 자주적인 이드를 형성해야 하며, 이것이 의존적 자존감과 독립적 자존감보다 중요하다고 했다.

이는 아이가 걷기연습을 하는 것과 같다. 인간은 아무것도 모르는 채로 세상에 나와 타인의 부축이나 물건에 기대어 서서히 일어서게 되고, 마침내 스스로 걷게 된다. 첫걸음을 떼기 전까지 넘어지고 일어서기를 반복하며, 무수한 시행착오를 통해 이 간단한 동작을 완성한다. 시간이 흘러 자신감이 생기면 뛰기 시작한다. 그러고 나면 걷거나 뛰고 싶은 갈망이 사라진다. 이미 자연스럽게 걷고, 뛰게 되었기 때문이다.

자아감도 똑같다. 막 태어난 아기는 자아감이 없으며, 자신과 엄마 또는 세상의 다른 물건을 구분하지 못한다. 그러다가 서서히 자아감이 발전하는데 이 자아감은 신체적, 심리적으로 외부 세계에 의존해 있다. 시간이 흘러 청소년기가 되면 자아는 독립되기 시작한다. 이때 우리는 자신의 목소리를 듣고 타인에게 자신의 목소리를 들려주길 원한다. 우리는 현실적이고, 정확한 자아를 탐색해야 한다. 그렇게 한다면 시간이 흐르면서 이는 새로운 과정으로 진입하여 진정한 분화, 즉 독립된 자아가 형성된다. 그렇게 우리는 타인과 좋은 관계를 유지할 수 있게 된다.

하지만 현실적으로 이런 과정은 순조롭게 이루어지지 않는다. 세상에 완벽한 부모, 완벽한 성장환경, 완벽한 선생님은 없기 때문이다. 우리는 단지 인생이라는 무대에서 조금씩, 아주 천천히 성장해 갈 뿐이다.

독립적인 자아를 가지지 못한 사람은 순종적이고, 자기주장이 없으며, 자신을 불행하게 만든다. 심지어 타인에게 위해를 가하기도 한다. 심리학자 애쉬Asch는 이에 관한 실험을 진행했다.

▬▬▬▬ 그는 실험 참가자들에게 버튼을 누르면 상대방에게 전기충격을 가할 수 있는 장치를 주고 버튼을 누르라고 명령했다. 60V 전압에서는 상대방에게 아무런 영향을 미치지 않았다. 75V부터는 15V씩 높이며 버튼을 눌렀는데 120V가 되자 상대방이 "아파요!"라며 소리를 질렀다. 하지만 참가자는 실험 감독관이 계속 실험을 진행하라고 명령하자 조금의 망설임 없이 버튼을 계속 눌렀다.

상대방이 고통스러운 비명을 질러대도 참가자는 "계속 실험을 진행하세요"라는 명령에 따라 전압을 높이며 실험을 계속했다.

실험 결과 감독관이 "계속 실험을 진행하세요"라고 명령했을 때 63%의 참가자가 전압을 350V까지 높였다. 그런데 실험 도중 15분간 휴식 시간을 가지고 난 뒤 다시 실험실로 돌아왔을 때는 대부분의 참가자들이 감독관의 명령을 따르지 않았다.

이런 결과가 나타난 이유는 15분의 쉬는 시간 동안 참가자들의 독립적 사고 능력이 회복되었기 때문이다. '내가 미쳤나? 여기서 뭘 하고 있지?'라는 생각을 하거나 경찰에 신고하는 사람도 있었다. 하지만 15분의 시간이 없었다면 "계속 실험을 진행하세요"

라는 명령을 들은 참가자들은 서슴지 않고 잔인한 행동까지 저질렀을 것이다.

실험에서처럼 심각한 결과를 초래하지는 않지만 많은 현대인이 이 같은 삶을 살고 있다. 비도덕적인 행위를 하는 게 아닐지라도 비합리적인 권위에 무조건 복종하는 것은 자신에게 큰 상처를 입힌다. 자기주장도 없이 남이 하는 대로 따라 하고 주류를 좇는 것은 자신이 해야 할 일 때문에 진정 하고 싶은 일을 하지 않는 것과 같다.

행복감을 높이고 싶다면 내면의 목소리에 귀를 기울이고 독립적이고 자주적인 이드로 돌아가 자신을 일깨워야 한다. '내가 미쳤나? 여기서 뭘 하고 있지?'

독립된 이드로 돌아가면 냉정한 태도를 유지하며, 타인에게 자신을 증명하기 위해 노력할 필요가 없어진다. 그리고 시시때때로 던졌던 '저 사람이 정말 나를 좋아하는 걸까? 어떻게 하면 남들에게 인정받을 수 있을까?'와 같은 질문도 필요하지 않다. 충분히 강한 내면을 가지고 있기 때문에 남들이 좋아해주지 않아도 자신을 받아들일 수 있다. 독립된 이드로 돌아가면 사랑하는 사람, 가족, 친구들의 압력 속에서도 자기만의 길을 걸어갈 수 있다. 타인의 의견에 동의하면서도 자아를 잃어버리지 않고, 타인의 의견에 동의하지 않으면서도 고립되지 않을 수 있다.

독립적인 이드로 돌아가는 것은 독립적 자존감의 본질이자, 무조건적 자존감의 정수이다. 물론 이것이 말하는 것처럼 쉬운 일은 아니다. 독립적인 이드로 돌아가기 위해서는 어떻게 해야 할까? 독립적 자존감과 무조건적 자존감의 경계에 도달하려면 어떻게 해야 할까?

샤하르 교수는 두 가지 해답을 제시했다.

첫째, 행동을 바꾼다. 강한 자존감을 가지고 싶다면 모든 면에서 이미 강한 자존감을 가지고 있다고 생각하며 행동해야 한다. 일기, 요가, 운동, 명상, 감사 편지는 큰 도움이 된다.

둘째, 자아인식을 바꾼다. 자존감은 일종의 자아인지이기 때문이다. 가장 효과적인 방법은 롤모델을 따라 하는 것이다. 워렌 베니스의 냉정함과 침착함, 관대함, 포용을 닮고 싶다면, 브래드 피트Brad Pitt의 밝고 건강한 이미지를 원한다면 이미 그런 인품을 가졌다고 생각하는 게 중요하다. 그렇게 자기최면을 거는 과정에서 이미 변화는 시작되며 어느새 자신이 바라는 모습에 가까워져 있는 자신을 발견하게 될 것이다.

자신을 이해하고 독립적인 이드로 돌아갈 수 있는 네 가지 방법이 있다.

1. 투명인간 되기

자신이 투명인간이라고 생각해 보자. 아무도 내 외모나 성격, 기호, 생활습관 등을 알지 못하며, 오직 나만이 내가 얼마나 대범한 성격인지, 얼마나 부유한지, 얼마나 많은 능력을 가진 사람인지 안다고 해보자. 그럼 어떤 직업을 선택하겠는가? 평생 무슨 일을 하며 살 것인가? 이런 훈련은 타인의 칭찬이나 평가에 상관없이 자신이 진정으로 좋아하는 일을 선택할 수 있도록 도와준다.

샤하르 교수는 이런 훈련을 통해 자신이 하고 싶은 일이 무엇인지 찾았다. "대학원을 졸업하면 계속 공부하고 싶지 않았습니다. 공부를 계속하는 것은 제게 의미가 없었거든요. 하지만 현실적으로 대학 교수가 되려면 박사학위가 필요했고, 학위를 취득할 때까지 공부를 계속해야 할 이유가 되었습니다. 난 투명인간이고 아무도 모르는 세계에 산다고 가정하고, 진짜 하고 싶은 게 무엇인지 자신에게 물었습니다. 저는 학생을 가르치는 교수가 되고 싶었습니다. 연구만 하고 싶진 않았죠. 이는 제가 종신교수직을 포기한 이유이기도 합니다. 부담감도 많았고, 가족과 친구들로부터 많은 이야기를 들었지만, 저는 제가 어떻게 살고 싶은지 분명히 알고 있었습니다."

2. 미래 상상하기

10년이나 20년 뒤에는 무엇을 하고 있을까? 이 질문에 대한 답을 찾다보면 자신이 가장 중요하게 생각하는 일이 무엇인지 알 수 있다. 같은 이치로 자신에게 질문을 해볼 수도 있다. "타인의 칭찬과 인정 또는 비난과 질타에도 개의치 않고 하고 싶은 일은 무엇일까?"

이런 훈련을 반복하다 보면 해답이 서서히 윤곽을 드러내고 독립적인 자아를 만날 수 있다.

3. 무아지경의 경험

오랫동안 '몰아'의 경지를 느껴보지 못한 사람들이 많다. 무아지경에 이르게 하는 경험이야말로 우리가 진정 원하는 일이며, 앞으로 어떤 길을 가야 할지를 결정할 수 있도록 도와준다.

자신에게 질문해 보자. "지금까지 먹고 자는 것도 잊고 몰두했던 일은 무엇일까?" 그 일이 바로 가장 하고 싶은 일이다. 자신의 의지에 따라 가장 관심 있는 일을 해보면 이제까지 몰랐던 능력을 발견할 것이며, 그로 인해 큰 행복을 느낄 수 있다.

4. 진실만 말하기

사람들은 진실을 말할 때 자신에게 '내 말은 가치가 있으며, 아주 중요하다'라는 정보를 전달한다. 일주일 동안 진실만 말하는 훈련을 해보자. 자신이 내뱉는 말이 중요하게 느껴지며, 타인의 생각이 아니라 자신과 대화하게 될 것이다. 다른 훈련처럼 이 역시 시간을 투자해 꾸준히 해야 효과를 볼 수 있다.

tip 자아를 찾기 위한 명상

샤하르 교수는 자아를 찾는 데 효과적인 방법인 명상에 대해 소개했다. "명상은 뇌의 사고를 바꿔 놓음으로써 우리가 진정한 자아를 찾고 긍정적인 감정을 느낄 수 있게 도와줍니다."

심리학 연구에 따르면 명상은 좌뇌를 안정시켜 우뇌의 소리를 의식적으로 듣게 한다. 이때 뇌파는 자연스럽게 알파파로 바뀐다. 뇌파가 알파파(특히 중간 알파파)가 나타나면 상상력과 창의력, 영감이 끊임없이 샘솟는다. 또한 사물에 대한 판단력과 이해력이 크게 상승하며, 심신이 안정되고 기분이 좋아진다.

명상은 원래 참선, 요가, 기공 등과 함께 종교에서 수련하기 위한 목적으로 시작되었지만, 오늘날에는 심리학 영역에서 광범위하게 활용되고 있다. 명상은 네 가지 장점이 있다.

첫째, 면역력을 강화한다

유명한 임상심리학자 다니엘 골먼Daniel Goleman은 저서에서 "경각심이 높을수록 불안감도 증가한다"라고 했다.

명상은 우리를 상대적인 안정 상태로 만들어 경각심을 낮춰준다. 활력과 생기가 살아나고 육체적, 심리적 면역력이 크게 상승한다.

샤하르 교수는 하루 30분씩 꾸준히 명상을 해온 결과 큰 효과를 보았으며, 지금도 나날이 좋아지고 있다.

둘째, 전전두피질의 좌측을 활성화 시킨다

행복한 사람은 전전두피질 좌측이 활성화되어 있고, 불행한 사람은 전전두피질 우측이 활성화되어 있다. 이는 행복을 측정하는 매우 중요한 지표다. 오랜 심리학 연구에 따르면 명상은 전전두피질 좌측을 활성화하는 데 효과적이라고 밝혀졌다. 즉, 꾸준한 명상은 행복감을 높여 준다.

셋째, 심신의 상처를 치료해준다

하버드 대학은 오랜 연구를 통해 명상에 집중하면 심각한 우울증 재발 가능성이 50%까지 떨어진다는 사실을 입증했다.

질병에 걸리면 뇌에 신경 통로가 생성되는데, 통로의 한쪽은 질병에 대한 인식과 연결되고, 나머지 한쪽은 억압, 고통 등 부정적인 감정과 연결된다. 그리고 질병이 재발하면 상응하는 부정적인 감정도 즉시 고개를 든다. 명상은 인식을 새롭게 하여 새로운 신경 통로를 생성한다.

명상은 신체의 질병을 감지하고, 자세히 들여다볼 수 있으며, 긍정적인 감정과 연결시켜준다. 중요한 것은 명상을 통해 질병에 대한 관심을 다른 곳으로 돌리면, 잠재의식은 내재된 에너지를 신체를 회복하는 데 사용한다.

넷째, 심리적인 안정을 주며, 진정한 자아를 찾게 해준다
샤하르 교수는 하루 중 다른 가족보다 먼저 일어나 식탁에 앉아 명상하는 새벽 시간을 가장 좋아한다.

하루는 그가 창밖을 보고 있는데 갑자기 색들이 더 선명해 보이면서 세상이 맑고 투명하게 변하는 게 느껴졌다. "분명히 영감이 느껴졌어요. 예전에 어떤 책에서 봤는데 영감이 들어올 때 모든 사물이 아름답게 변한다고 했거든요." 그때 샤하르는 명상을 하던 중이었다. 명상은 마음을 안정시키는 역할을 하기 때문에 평소 사람들이 볼 수 없는 아름다운 세계를 볼 수 있게 된다. 그리고 이때 진정한 자아의 존재를 느낄 수 있다.

명상은 어떻게 하는 걸까? 명상은 요가, 태극 기공, 정좌 명상, 촛불 명상, 이동 명상, 호흡 명상 등 다양한 형식이 있으며, 어떤 것이든 시도해볼 수 있다. 단, 자신에게 맞는 방법을 찾는 게 중요하다.

샤하르 교수는 명상의 일반적인 단계를 다음과 같이 정리했다.

1단계: 호흡하기

호흡은 명상훈련의 기초이다. 대부분의 명상은 복식호흡을 사용하며, 주로 코로 들어온 공기를 복부로 전달한다. 이 과정에서 기체를 가볍고 얇게 유지하며 서서히 복부로 이동시킨다. 자신의 호흡 소리가 들리지 않을 정도가 되면 경지에 이른 것이다.

공기를 들이마시면 폐로 들어가 폐엽을 팽창시키고 압박된 횡격막이 내려오면서 가슴이 편안해지며 복부가 부풀어 오른다. 공기를 내쉬면 복부가 수축되면서 기체가 상승하고 횡격막이 위로 올라가 폐와 가까워진다. 그러면 폐에 들어 있던 혼탁한 기체가 외부로 빠져나간다.

2단계: 집중하기

집중은 명상의 첫 번째 단계이다. 마음속으로 장소나 사물에 집중한다. 이때 집중하는 대상은 하나의 이미지로 존재한다.

3단계: 마음 가다듬기

잡념이 떠오를 때 억지로 통제하고 마음을 안정시키려 노력할 필요는 없다. 특히 정좌 명상 중 잡념이 떠오르는 것은 정상이다. 마음이 혼란스러워서 나타나는 결과가 아니라, 마음이 안정되고 생각에 집중하기 시작하면서 여러 가지 생각이 떠오른다.

포기하지 말고 어떤 생각이 떠오르든 상관없이 맑은 정신을 유지하며 호흡에 집중한다. 집중력이 흩어지면 다시 잡고, 또 흩어지면 잡고를 반복하며 명상 훈련을 한다.

명상을 정신수련을 하는 사람들만 할 수 있는 것으로 오해하는 사람들이 많다. 하지만 수도자들처럼 고행하지 않아도 짧은 명상만으로도 큰 효과를 볼 수 있다. 샤하르 교수는 하루 45분의 명상만으로도 충분하다고 강조했다. 한 연구 결과에 따르면 매일 45분씩 4개월간 명상을 한 사람들은 명상을 하지 않은 사람들보다 불안감을 느끼는 수치가 현저히 낮았다.

하루 45분의 명상은 진정한 자아를 되찾게 도와주며, 긍정적인 감정과 쾌락, 행복감을 준다.

샤하르 교수는 강의실에서 명상의 시간을 가졌다.

━━━ 편안한 자리에 앉아 머리와 몸을 일직선으로 정렬하고 두 다리를 바닥에 내려놓습니다. 그리고 두 손을 편안하게 유지하세요. 다리 위에 손을 올려놓아도 됩니다.

편안한 느낌이 들면 눈을 감고 호흡에 정신을 집중하세요. 심호흡으로 복부에 공기를 불어넣은 뒤 가볍게 뱉습니다. 심호흡을 천천히 유지합니다. 주의력이 흐트러지면 다시 호흡을 하며 집중하기를 여러 차례 합니다. 심호흡을 할 때 목, 다리, 손 등 자신의 신체에 집중하며, 다른 곳보다 훨씬 편안한 느낌이 드는 부위를 발견하면 그곳에 더 집중해 보세요.

심호흡을 유지하며 집중하는 과정은 매우 흥미로우며 옳고 그름을 생각할 필요는 없습니다.

계속 호흡하면서 편안한 신체 부위에 집중하세요.

그리고 신체의 특별한 부위를 향해 인사를 건네고 다시 호흡으로 돌아갑니다. 호흡을 통해 몸과 마음을 정화해 보세요.

자, 이제 눈을 뜨세요.

학생들은 명상을 통해 진정한 자아와 만날 수 있었고, 몸과 마음에 일어난 변화를 느꼈다. 그리고 예전보다 더 긍정적이고 행복한 기분이 들었다.

스트레스 해소로
여유를
회복한 삶

인생의
뺄셈법

하루가 다르게 변해가는 사회에서 사람들은 누구나 크고 작은 스트레스를 받는다. 샤하르 교수는 긍정 심리학 강의를 시작하고 한동안 기분이 좋지 않았다. 강의는 성공적이었고, 전국 순회 강연을 하게 되었으며, 집필 활동도 활발히 할 수 있게 되었다.

그가 언제나 꿈꾸던 일들이 이루어졌는데도 많은 일이 한 번에 일어나면서 극심한 피로가 몰려왔다. "좋은 일도 너무 많으면 안 좋다는 것을 깨닫고는 바로 하던 일들을 줄이기 시작했습니다. 그리고 다시 행복한 사람이 될 수 있었죠." 샤하르 교수는 적당한 일에 적당한 휴식이 더해질 때 행복지수가 높아진다는 결론을 얻었다.

평소 많은 스트레스에 시달리는 사람은 인생의 뺄셈법을 배워야 한다. 삶을 단순화 해보는 것이다. 예를 들면 점심시간에 문자 메시지나 전화 통화를 줄이고, 음식의 맛을 즐겨보자. 놀 때는 일 생각을 줄이고 최대한 편하게 즐긴다. 제대로 휴식을 취해야 지친 몸과 마음을 회복할 수 있다.

최근 많은 젊은이가 자신의 직위를 유지하거나 승진을 위해 습관적으로 야근하며, 점심시간에 메일을 보내고 전화를 하면서 시간을 보낸다. 하지만 효율은 그다지 높지 않다. 왜 그럴까? 여러 가지 일을 동시에 처리하는 사람은 그만큼 IQ를 더 많이 소모해야 하기 때문에 하룻밤 잠을 이루지 못하는 것과 같은 결과를 초래하기 때문이다. 이럴 때는 적게 하는 것이 질을 높일 수 있는 방법이다.

일을 줄이면 효율이 높아지고, 창의력과 생산력이 증가하며 삶에 대한 만족도도 올라간다.

좋아하는 일, 중요하다고 생각하는 일들을 하나씩 쌓아 놓다 보면 어느새 행복은 멀리 달아나고 만다. 또 "No"라고 말하는 법을 배워야 한다. 타인에게는 "No"라고 할 줄 알아야 하고, 자신에게는 "Yes"라고 말할 줄 알아야 한다.

그렇다면 언제 "No"라고 말하고, 언제 "Yes"라고 해야 할까?

그것은 자신이 진심으로 하고 싶은 일인지를 기준으로 하면 된다. 원하지 않는 일이라면 최대한 줄인다. 물론 아무것도 하지 않고 빈둥거려서는 안 되며, 업무의 양을 적절히 조절한다.

샤하르 교수는 그래프를 그리고 가로축은 업무량, 세로축은 행복감, 창의력, 생산력이라 표시하고 포물선을 그려 보였다. 업무량이 너무 적거나 너무 많을 때 행복지수는 최저치에 머물렀다. 자신에게 맞는 최적의 업무량과 최고의 행복지수가 교차하는 지점을 찾는 게 중요하다.

자신에게 딱 맞는 최적의 상태를 찾는 일이 쉽지는 않지만, 끊임없이 탐색하고 반성하는 태도가 필요하다. 그러는 과정에서 많은 실수도 저지를 수도 있지만 샤하르 교수는 전혀 신경 쓰지 않아도 된다고 말했다. 이는 우리가 반드시 거쳐야 하는 단계이자 인간의 본성에 따른 것이기 때문이다.

하나에
집중하라

이스라엘 심리학자 다니얼 카너먼Daniel Kahneman은 여성의 감정 변화에 관한 연구를 진행한 적이 있다. 그는 여성들에게 일을 마친 뒤, 친구와 밥을 먹은 뒤, 배우자와 만난 뒤, 아이들을 돌본 뒤 하루에 일어난 일과 그때 느낀 감정에 대해 기록할 것을 요구했다. 결과는 충격적이었다. 자녀들과 시간을 보낸 뒤에 느낀 행복과 만족감이 우리가 생각했던 것보다 적었고, 오히려 불안감을 느꼈다.

그렇다고 이들이 자녀를 사랑하지 않거나, 자녀가 인생에서 중요한 부분을 차지하지 않는다는 의미는 아니다. 단지 아이들과 시간을 보낼 때 즐거워하지 않을 뿐이다. 왜 이런 결과가 나왔을까?

카너먼은 그들이 아이들과 제대로 시간을 보내지 않았기 때문이라고 주장했다. 그들은 아이를 돌볼 때에도 전화를 하거나, 메일을 보내고, 영수증을 정리하고, 다음에 해야 할 일을 계획하는 일을 동시에 했다. 당연히 주의력은 분산되고, 아이와의 시간에 최선을 다하지 못했다.

전화를 하거나 메일을 보내는 등 한 가지 일만 한다면 불안함을 느낄 이유가 없다. 하지만 그런 일들을 아이와 함께하는 시간에 몰아서 처리하는 것은 좋지 않다. 이것은 비틀스의 노래와 마돈나의 노래를 동시에 듣고 싶어 하는 것과 같다. 두 가지 노래가 한 번에 흘러나온다면 그것은 더 이상 아름다운 노래가 아니라

소음에 불과하다.

두 마리의 토끼를 모두 잡을 수는 없다. 세상에는 좋은 것들이 넘쳐나지만 모두 가지려 하면 불안함과 우울함이 찾아올 수밖에 없다. 동시에 좋아하는 두 곡의 노래를 들을 수 없는 것과 같은 이치다. 한 번에 하나씩 처리하되 여러 가지 일이 주어진다면 더 중요하다고 판단되는 일을 먼저 처리한다.

그렇다면 스트레스를 이겨내고 성공한 인물들은 어떻게 한 걸까? 그들은 해야 할 일이 있을 때 최선을 다해 일하고, 쉬어야 할 때 열심히 휴식을 취했다. 수련을 많이 한 고승들처럼 밥 먹을 때 밥 먹고, 잠잘 때 잠을 잤다. 한 가지에만 집중한다고 해서 효율이 떨어지지는 않는다. 오히려 더 큰 효과를 거두거나 예상치 못했던 큰 수확과 보람을 가져다줄 것이다.

스트레스가 클수록
긴 휴식시간을 가져라

조사에 따르면 청소년의 45%가 과도한 스트레스로 인해 이상행동을 나타내며, 94%가 모든 일에서 스트레스를 느낀다. 정말 충격적인 결과다. 과도한 스트레스를 받았는데 바로 해소하지 못하면 정신과 육체에 모두 부정적인 영향을 미친다.

엄청난 스트레스는 창의력과 생산력에 영향을 미친다. 스트레스를 받으면 사고가 제한되기 때문이다. 더 심각한 것은 스트레스가 질병까지도 불러온다는 사실이다. 의학 연구에 따르면 질병의 80%가 스트레스에서 비롯된다.

경쟁이 나날이 치열해져 가는 사회에서 스트레스는 피할 수 없다. 그렇다면 어떻게 대처해야 할까? 그런데 전통 심리학에서는 인간이 스트레스를 받는 이유에 대해 많은 해답을 제시했지만, 기대하는 만큼 실질적인 효과는 불러오지 못했다. 그런데 전통 심리학과 달리 긍정 심리학에서는 스트레스 자체보다는 스트레스를 줄이는 방법에 초점을 맞추었다. 다시 말해 긍정 심리학에서는 스트레스 자체보다는 휴식이 부족한 상황을 문제로 보고 대안을 찾아보는 것이다.

이는 헬스장에서 역기를 들어 올리는 것과 비교할 수 있다. 적절한 압력은 근육세포를 단련시켜 강하게 만들어준다. 이때 압력은 반드시 필요한 요소다. 그럼 무엇이 문제일까? 적절한 압력으로 운동을 하는 것까지는 좋지만, 하루도 쉬지 않고 운동만 한다면 심각한 부상을 초래할 수 있다는 사실이다. 스트레스도 마찬가지다. 적절한 스트레스는 필요하지만 지나친 스트레스는 일과 생활에 부정적인 영향을 미친다.

연구에 따르면 성공과 행복을 모두 가진 사람들도 스트레스를 받지만, 스트레스를 해소하는 방법도 잘 알고 있다. 운동선수가 경기 전에 휴식을 취하는 것처럼 밤낮없이 훈련을 강행하지 않는다. 심리적으로도 휴식이 부족한 사람들은 종종 불안에 시달리며, 심지어 우울증까지 나타난다.

샤하르 교수는 자신의 일화를 예로 들었다.

■■■■ 평소 14시간씩 일하던 샤하르는 어느 날 결혼을 하기로 마음먹었다. 결혼 후에 많은 시간을 아내와 아이들에게 투자했고 업무시간은 자연스럽게 줄어들었다. 이에 그는 불안함을 느끼고 예전보다 효율이 떨어진다고 생각했다.

이런 불안과 초조함은 오랫동안 이어졌다. 그때 동료 심리학자가 말했다. "60분에서 120분, 가장 좋은 것은 90분 정도 일에 집중하고 다음 15분 동안 휴식을 취하세요. 음악을 듣거나 간식을 먹고 운동을 해도 좋고, 아무것도 하지 않아도 좋습니다. 쉬는 시간에는 절대 일을 하지 마세요. 그럼 업무 효율이 크게 올라갈 겁니다."

샤하르 교수는 이 조언을 참고해 평소보다 적은 시간을 할애하고도 더 많은 일을 할 수 있었다.

심리학 연구에 따르면 인간이 집중력을 발휘할 수 있는 시간은 60분에서 120분이다. 그다음에는 휴식을 취해야 집중력을 회복시킬 수 있다. 그러므로 열심히 일하고 나면 휴식시간을 갖는 것이 좋다. 그리고 다시 일하고 또다시 쉬고를 반복한다. 이렇게 하면 업무의 효율도 오르고 기분도 좋아진다.

일과 휴식을 잘 분배해야 한다. 자주 출장을 가는 사람은 일주일에 90분씩 10번에 나눠 일하는 것도 좋다. 비행기에서, 교실에서, 사무실 등에서 정해놓은 시간만큼 열심히 일한다면 좋은 성과를 거둘 수 있다. 요가를 할 때도 15분씩 4번에 나눠서 하고, 일주일에 하루는 쉬는 날로 정하는 것이 좋다.

이상은 모두 단기 모델이다. 스트레스를 줄이고 원상태로 회복하기 위해서는 단기, 중기, 장기 모델 등 다양한 방법을 사용해야 한다. 단기는 90분간 일하고, 15분간 쉬며, 중기는 숙면을 취하거나 6일간 일하고 하루를 쉰다. 장기는 휴가를 떠나는 방법을 의미한다. 스트레스에서 빠져나오는 방법을 이해할 줄 아는 사람만이 일에 더 집중할 수 있고, 더 큰 성공과 행복을 만끽할 수 있다.

현대인들은 항상 시간에 쫓기고 바쁘게 사느라 아름다운 풍경에 눈을 돌릴 여유가 없었다. 그런 상황을 당연한 것으로 받아들였으며, 어릴 때 가졌던 새로운 것에 대한 호기심도 잊은 채 살아왔다. 조용히 앉아 감상하고, 발견하고, 음미하는 데 시간을 할애한 적이 없기 때문이다. 샤하르 교수는 우리가 삶을 위해 충분한 휴식시간을 가질 때 비로소 행복해질 수 있다고 지적했다.

운동과 숙면으로
스트레스 해소하기

샤하르 교수는 규칙적인 운동과 충분한 숙면이 스트레스를 해소하는 데 아주 효과적이라고 말했다. 이는 그가 직접 경험한 사실이다. 다음으로 운동과 숙면의 기능을 소개한다.

1. 운동의 기능

의학의 아버지 히포크라테스Hippocrates는 말했다. "햇빛, 공기, 물과 운동은 생명과 건강의 원천이다." 고대 그리스 시대에 어느 산 정상에 이런 문장이 새겨진 바위가 있었다. "건강해지고 싶은가? 달려라! 똑똑해지고 싶은가? 달려라! 아름다워지고 싶은

가? 달려라!" 운동은 인간에게 공기나, 음식, 물과 같이 반드시 필요한 것이다. 샤하르 교수는 운동의 순기능을 다음의 네 가지로 정리했다.

(1) 성적을 올려준다

미국 학생들은 수학, 과학 시험 성적이 좋지 않으며, 세계 8위 수준이다. 그런데 일리노이 주는 수학 세계 6위, 과학 세계 1위를 차지하면서 전미 교육계를 발칵 뒤집어 놓았다. 조사를 해보니 일리노이 주가 이례적인 성과를 낸 원인은 바로 학교마다 체육수업을 도입한 데 있었다. 운동이 학생들의 성적을 크게 올려놓은 것이다.

이에 상대적으로 성적이 낮았던 펜실베이니아 주에서도 체육수업을 실시했는데 좋은 효과를 보았다. 체육수업을 도입하기 전에는 전국 평균 수준을 유지했지만, 체육수업을 도입한 지 불과 일 년 만에 전국 평균의 70% 이상을 기록했다.

(2) 적정 체중을 유지하게 한다

인간은 저마다 적정 체중을 가지고 태어난다. 운동으로 그 수준을 유지할 수 있다면 건강해질 수 있지만, 그렇지 않는다면 체중은 불어나기 마련이다. 물론 운동은 적정 체중을 회복할 수 있게 도와주는 역할도 한다. 이는 다이어트에 성공하기 위해서는 왜 운동을 병행해야 하는지를 설명해 준다. 다이어트를 통해 체중을 적정 수준으로 뺄 수 있다고 해도 운동을 하지 않는다면 유지하기 어렵다.

(3) 심리 상태를 개선한다

운동을 하면 뇌에 화학물질이 생성되는데, 이런 화학물질은 신경전달 통로에 반드시 필요하다. 달리기를 하면 뇌에 새로운 신경전달 통로가 쉽게 생성된다. 따라서 아침이나 시간이 날 때마다 운동을 하면, 눈으로 보거나 귀로 들은 내용을 잘 기억할 수 있게 된다. 운동을 꾸준히 하면 기억력은 물론이고 창의력도 크게 증가한다.

뇌에서 생성된 새로운 화학물질의 양이 필요량과 일치하면 최고의 상태를 유지할 수 있다.

(4) 정신질환을 예방하고 치료한다

하버드 의대의 존 레이티John Ratey교수는 연구를 통해 운동을 하면, 인체에 신경전달물질, 부신호르몬, 헤모시아닌, 도파민 등이 생성되며 이는 항정신병 약물과 유사한 기능을 한다는 사실을 입증했다. 즉, 규칙적인 운동은 다양한 정신질환을 예방하며, 치료 방면에서도 아주 효과적인 역할을 한다.

이상에서 언급한 내용은 샤하르 교수가 경험을 통해 체득한 것이다. 그는 운동의 효과를 크게 느끼고 있다고 밝혔다. 그리고 강의를 듣기 전에 운동을 하면 공부한 내용을 오래 기억할 수 있을 것이라고 강조했다.

요즘에는 운동을 힘든 일로 치부하는 사람들이 많다. 예를 들어 건강을 위해 매일 3킬로미터를 달리기로 했다면, 이튿날부터 전신이 아픈 것 같은 기분이 든다. 그렇지만 노력하지 않으면 좋은 보상도 없을 거라는 생각으로 계속 달린다. 삼 일째 되는 날에는 온몸이 쑤시고 욱신거리지만 고통을 참고 달린다. 그러다 몇 주 뒤 상처를 입으면 뇌에서는 '운동=고통'이라는 수식이 형성된다.

인간의 뇌는 고통을 싫어하며 최대한 고통에서 벗어나려 한다. 따라서 이런 사람이 휴가를 가면 훈련계획을 중단한다. 그렇게 2주쯤 지나면 다시 이전의 운동계획으로 돌아가는 게 아주 어렵다는 생각에 이른다. 그의 잠재의식은 더 이상 '운동=고통'이라는 힘든 과정을 원하지 않기 때문이다.

샤하르 교수는 이런 인식 장애를 극복하기 위한 세 가지 방법을 제안한다.

첫째, 가벼운 운동부터 시작한다.

거리에 상관없이 10분이나 20분씩 가볍게 걷는 것부터 시작한다. 일주일에 한 번씩 걷다가 천천히 운동량을 늘린다. 운동이 고통스러운 일이 아니라 재밌는 일이라는 생각을 심어준다.

둘째, 주의력을 분산한다.

다른 일에 주의력을 분산할 필요가 있다. 라디오나 음악을 듣거나 자녀와 함께 뛰는 것은 주의력을 분산시켜 운동을 꾸준히 할 수 있도록 한다.

셋째, 응원을 받는다.

심리학자들은 실험 참가자를 두 개의 그룹으로 나누고 4개월간 자기훈련법에 관한 연구를 진행했다. 한 그룹은 가족이나 친구들의 응원을 받으며 운동하고, 나머지 한 그룹은 응원 없이 6개월간 꾸준히 운동을 했다. 응원을 받으며 운동한 그룹은 무려 95%가 계획대로 운동을 했고, 67%의 사람들이 실험 후 6개월간 운동을 계속 했다. 이상의 세 가지를 잘 따르면 좋은 운동 습관을 키울 수 있다.

주목할 점은 운동의 적정량을 유지해야 한다는 사실이다. 데니스 버거Dennis Burger는 과도한 운동은 정반대의 결과를 가져온다고 주장했다. 운동이 좋은 것은 사실이지만 적당히 해야 한다. 과도한 운동은 운동을 하지 않은 것과 같이 불안과 우울을 야기한다. 운동으로 신체가 한계에 달하면 근육에 통증이 생긴다. 그러면 즉시 운동을 중단하고 휴식을 취하는 게 좋다.

운동은 어느 정도 하는 게 가장 적당할까? 최소한 이틀에 한 번, 즉 일주일에 3, 4회 정도 하는 게 가장 좋으며, 운동시간은 30분에서 1시간 정도가 적당하다.

샤하르 교수는 자신의 경험을 바탕으로 인터벌 트레이닝을 결합한 유산소 운동을 소개했다. 그가 말하는 유산소 운동이란 신체에 충분한 산소를 공급하면서 운동을 하는 것을 뜻한다. 즉 운동으로 신체에 유입된 산소와 필요한 산소량이 일치할 때 생리적인 균형이 유지된다.

다시 말해 유산소 운동은 운동시간이 비교적 길고(약 15분 이상) 중강도 또는 중고강도(최대 심박수 75%~85%)의 모든 율동성 운동을 뜻한다.

평소에 쉽게 즐길 수 있는 유산소 운동으로는 걷기, 경보, 조깅, 스케이팅, 수영, 자전거 타기, 태극권, 피트니스 댄스, 줄넘기, 농구, 축구 등이 있다. 인터벌 트레이닝은 고강도 운동과 휴식을 반복하는 훈련법이다. 조깅을 예로 들면, 운동을 시작하고 몇 분 만에 산소 흡수량이 증가하는데 시간이 흐르면서 일정 수준을 유지하게 된다. 이때 짧은 시간 동안 고강도 운동을 하면 산소 흡수량이 크게 증가하고, 운동이 끝나면 신체의 산소 흡수량이 크게 증가되었음을 알 수 있다.

2. 수면의 기능

스탠퍼드 대학의 윌리엄 디멘트William Dement 교수는 연구를 통해 수면 부족이 인간의 인지능력과 신체에 부정적인 영향을 미치며 정서적으로 엄청난 피해를 가져온다는 사실을 발견했다. 충분한 수면을 취하지 못하면 신체적으로 쇠약해지는 것은 물론이고 정신적으로도 불쾌감과 불안에 시달린다. 반대로 충분한 숙면을 취하는 사람은 생기와 활력이 넘치고 쾌락과 행복감을 더 많이 느꼈다.

과거 사람들의 수면시간은 하루 10시간 정도였다. 빠르게 변해가는 현대 미국인의 평균 수면시간은 6.9시간으로 줄었고 주말에도 7.5시간에 불과하다. 수면시간은 몇 시간이 적당할까? 샤하르 교수는 8시간 정도가 좋다고 제안했다.

8시간 동안 잠을 자라고 하면 대부분 사람이 낭비라고 생각할 것이다. "하루가 30시간쯤 된다면 8시간 잠을 잘 수도 있겠죠. 하루 24시간 중 잠자는 시간으로 8시간을 할애하는 건 불가능해요." 샤하르 교수는 볼멘소리를 하는 사람들에게 충분한 수면이 주는 장점을 알려주었다.

1. 충분한 수면은 정신과 체력을 회복시켜준다. 잠을 자는 동안 신진대사가 높아져 신체를 회복시키고, 뇌가 제대로 휴식을 취할 수 있도록 한다.

2. 충분한 수면은 인간의 면역계통을 강화한다.

3. 충분한 수면은 영감을 불러일으킨다. 잠을 잘 때 뇌는 하루 동안 신체에 일어난 일들과 낮에 해결하지 못한 문제를 처리한다. 온종일 안 풀리던 수학문제가 막 잠이 들기 시작할 때 해결되는 경험을 하기도 한다.

4. 충분한 수면은 안전사고 발생률을 감소시킨다. 미국에서는 매년 수면부족으로 인한 교통사고가 10만 건에 달하며, 그중 4만 건은 부상자가 발생하고, 사망으로 이어지는 사고는 1,500건이나 된다. 업무현장에서 수면부족으로 인한 사고도 연일 속출하며 매년 1,000억 달러의 경제손실을 입히고 있다.

이처럼 수면은 건강과 지능, 행복에 영향을 미치기 때문에 과학적인 수면방식은 아주 중요하다. 샤하르 교수는 과학적인 수면에 관한 실용적인 방법을 제시했다.

첫째, 자기에게 맞는 수면시간을 찾는다.

8시간을 자는 게 좋을까? 7시간을 자는 게 좋을까? 자기에게 맞는 수면시간을 찾는 게 중요하다. 상황에 따라 밤에 7시간을 자고 낮에 1시간을 잘 수도 있고, 밤에 6시간을 자고 낮에 2시간을 잘 수도 있다. 언제 몇 시간을 자든 하루에 8시간만 채운다면 상관없다.

둘째, 잠자기 전에 마음을 안정시킨다.

힘든 사건을 겪고 난 다음에는 잠들기가 어려운 게 정상이다.

샤하르 교수는 자신에게 이렇게 타일렀다. "괜찮아, 이제 자는 거야. 지금 잠을 자는 중이니 불안해하지 마." 자신을 잘 달래서 수면을 취할 수 있도록 하되, 절대 억지로 잠을 청해서는 안 된다.

셋째, 잠자기 전에 음식 섭취를 하지 않는다.

불면증을 가진 사람 중에는 자기 전에 음식을 너무 많이 먹어 혈류량이 증가하고 심장박동이 빨라진 사례가 종종 있다. 자기 전에 지나친 음식 섭취는 숙면을 방해하므로 자제하는 게 좋다.

넷째, 낮잠을 잔다.

갑자기 일이 늘어 바빠졌을 때 낮잠은 좋은 휴식 방법이 된다. 낮잠이 아주 효과적인 수면 방법이라는 사실은 이미 입증되었다. 예를 들어 낮잠 20분은 밤에 양질의 숙면을 취하는 것보다는 아니지만 마찬가지로 충분한 효과를 볼 수 있다. 그런 면에서 낮잠은 괜찮은 투자다. 매일 15분이나 20분의 낮잠으로 휴식을 취해보자.

tip 미루는 버릇을 극복할 수 있는 여섯 가지 방법

연구에 따르면 미국 대학생 70% 이상이 미루는 심리를 혐오한다. 심리학 연구에서는 미루는 버릇과 불쾌감, 면역력 약화, 스트레스 증가 등이 밀접한 관계를 가지고 있다고 본다.

미루는 버릇을 없애려면 어떻게 해야 할까? 일상생활과 업무에서 미루는 버릇으로 인해 발생하는 스트레스를 줄이기 위해서는 어떻게 해야 할까? 샤하르 교수는 여섯 가지 방법을 제시한다.

방법 1. 5분 버티기

샤하르 교수는 말했다. "미루는 버릇을 극복하기 위해서는 정신력이 아니라 행동력이 필요하다."

그는 자신의 이야기를 예로 들었다. 샤하르 교수는 긍정 심리학에 많은 열정을 가지고 있었고, 이 학과에 대한 애정이 넘쳤다. 그는 아침에 일어나자마자 강의 준비를 하고 글을 쓰거나 긍정 심리학에 관한 책을 보는 습관이 있었다. 하지만 무슨 일을 시작하기까지 시간이 오래 걸렸고 일을 뒤로 미루고 싶은 마음이 들었다. 따라서 어떤 일이든

시작하면 5분만 참아보자고 다짐했다. 5분 동안 자신에게 강제성을 부여하는 것이다. 그는 5분만 잘 버티면 정상적인 패턴으로 진입하게 된다는 걸 깨달았다.

"상황이 좋지 않은 사람들은 응원과 격려를 받으면 행동으로 옮길 수 있을 것 같은 기분이 듭니다. 하지만 사실은 그렇지 않죠. 행동이 변해야 태도가 바뀝니다."

인간의 사고는 행동을 통제하지만, 행동 또한 사고에 영향을 미친다. 마음의 준비를 다 마친 뒤에야 일을 시작한다면 언제나 나태해질 수밖에 없다. 행동을 먼저 시작하면, 강제로 이루어진 행동일지라도 그러한 행동이 인간의 감정을 변화시킬 수 있다.

행동을 시작하고 5분만 버티면 계속 앞으로 나아갈 힘이 생긴다. 생각이나 기분이 아니라, 행동으로 먼저 시작해보자.

방법 2. 보상하기

자신에게 보상할 줄 아는 사람은 업무에서도 좋은 성과를 거둔다.

예를 들어, 3시간 동안 열심히 일하고 나면 레스토랑에 가서 3시간 동안 맛있는 음식을 즐긴다. 월요일부터 금요일까지 열심히 일한 뒤에 주말에는 충분히 휴식을 취할 수 있다.

방법 3. 배수진을 치고 주변의 도움을 받아라

1995년 샤하르 교수는 최초의 심리학 세미나를 개최할 계획을 세웠다. 구상을 마친 그는 바로 학장에게 전화해서 7월 1일부터 심리학 세미나를 시작하겠다고 알렸고, 학장은 그의 의견에 동의했다. 수화기를 내려놓은 샤하르 교수는 도망칠 곳이 없다는 걸 깨달았다. 세미나는 반드시 개최해야 했고, 그러기 위해서는 열심히 준비해야 했다. 배수의 진을 친 그는 그렇게 첫걸음을 내디딜 수 있었다.

"자신의 생각을 외부에 공식으로 알리세요. 때로는 강제로 일을 하게 부추기는 것으로 미루는 버릇을 극복할 수 있습니다."

방법 4. 협력을 강화하고 자신을 감독하라

다른 사람들과 함께 일을 완수할 수 있다면 최대한 협력하는 게 좋다. 여러 사람과 일을 하면 효과적으로 자신을 감독할 수 있고 스트레스도 분산시킬 수 있다.

방법 5. 목표를 세워라

목표를 세우는 것은 출사표를 던지는 것과 같으며, 효과적으로 미루는 버릇을 고칠 수 있다.

방법 6. 편안하게 즐길 시간을 허락하라

때로는 마음 놓고 노는 시간을 가진다. 인간은 기계가 아니며 쉬지 않고 일만 하는 것은 불가능하다. 편안히 쉬며 놀고 싶은 것은 인간의 본능이다. 이런 본능을 따르지 않는다면 창의력과 생산력, 행복감이 크게 떨어질 수밖에 없다.

완벽주의자 대신
최적주의자로
변신하라

나는
완벽주의인가?

우리는 살면서 '완벽주의자'라는 단어를 많이 사용한다. 완벽주의자란 어떤 사람일까?

"일을 하다 보면 특별히 열심히 하게 될 때가 종종 있어요. 저도 완벽주의자인가요?" 이 질문에 답하기 위해서는 먼저 완벽주의자의 개념을 살펴보아야 한다. 샤하르 교수는 완벽주의자를 자신을 통제하지 못하며 실패에 대한 공포로 가득 차 있는 사람이라고 정의했다.

완벽주의자의 특징은 다음과 같다.

첫째, 완벽주의자는 최고의 상태를 추구하며 실패를 두려워한다. 완벽주의자는 A와 B 사이를 최단 거리인 직선으로 연결해야 하는 사람들이다. 이들에게 실패는 직선의 단절을 의미하기 때문에 어떤 종류의 실패도 용납하지 않는다. 완벽주의자는 '반드시' 원칙으로 자신을 괴롭힌다. 반드시 더 좋아야 하고, 반드시 기분이 좋아야 하고, 반드시 남들과 달라야 한다.

심리학자 패제트Padgett는 "완벽주의자는 실현할 수 없는 목표를 세우고 현실과 목표 사이의 차이로 인해 끊임없이 좌절한다"라고 지적했다.

둘째, 완벽주의자는 자신이 중시하는 분야에서의 실패를 특별히 더 두려워한다. 예를 들어 게임에서는 완벽주의자가 아니라서 이기든 지든 상관하지 않지만, 인간관계에서는 완벽주의를 추구하기 때문에 큰 의미를 둘 수 있다. 특정인에 대한 평가에서도 마찬가지다. 자신이 신경 쓰는 사람이 나를 평가한다면 그의 작은 말 한마디에도 집중하며 수많은 생각을 하지만, 전혀 신경쓰지 않는 사람이나 잘 모르는 사람이 평가한다면 어떤 말을 해도 마음에 두지 않는다.

샤하르 교수는 자신의 경험을 예로 들었다.

■■■■■ 키가 크지 않아 농구선수의 꿈을 포기한 샤하르는 스쿼시를 시작했다. 당시에는 스쿼시 훈련으로 하루를 시작했고

모든 생활이 스쿼시를 중심으로 돌아갔다. 매일 조깅을 하고 스쿼시 훈련을 마치면 학교에 가고 수업이 끝나면 다시 스쿼시 훈련을 하고 체력 단련을 한 뒤 집으로 돌아와 숙제하고 잠을 잤다. 그런 생활을 매일 반복하는 일은 아주 힘들었는데 항상 신체적인 고통보다는 정신적인 피로가 더 컸다. 그는 언제나 쉬지 않고 훈련에 매진했지만, 만족을 느껴본 적이 없었다. 완벽주의를 추구하던 그는 항상 중요한 경기를 앞두고 불안과 초조함을 느꼈고 실패를 맛보았다.

마침내 이스라엘 전국 스쿼시 선수권 대회 결승전까지 올랐지만 자신에 대한 지나친 강박(경기에 반드시 이겨야 행복해질 수 있을 거라는)으로 인해 경기를 망쳤다. 샤하르는 많은 선수를 꺾고 결승에 오른 최연소 선수였지만 대회에서 우승을 차지하지 못했다는 생각에 오랫동안 괴로워했다. 그리고 우승에 대한 집념은 더더욱 커졌다.

훗날 그는 다시 결승전을 치르게 되었고 드디어 그토록 원하던 우승을 거머쥐게 되었다. 그는 이루 말할 수 없을 정도로 큰 희열을 느꼈고, 지금까지의 노력이 보상을 받는 것 같아 기분이 아주 좋았다.

그날 그는 가족들과 함께 식사를 하고 4시간쯤 후에 집으로 돌아왔다. 잠들기 전에 조용히 침대에 앉아 다시 한 번 우승의 기쁨과 흥분을 떠올리는데 갑자기 눈물이 흘렀다. 그런데 기쁨의 눈물이 아니라 무기력하고 고통스러운 눈물이었다. 그는 이것이 큰 기쁨 뒤에 오는 슬픔의 감정일 뿐이며 지나가면 다시 오지 않을 감정이라고 여겼다. 몇 주 후 세계 챔피언이 되면 진정한 행복을 느낄 수 있을 거라는 생각이 들었다.

영국으로 건너간 그는 세계 스쿼시 챔피언 장셔 칸^{Jansher Khan}의 훈련법을 그대로 따라 했다. 하루에 7마일을 달리고 헬스장에서 3시간씩 체력 단련을 하는 등 그가 하는 것이라면 뭐든지 했다. 샤하르는 빠르게 성장했고 6개월 뒤에는 장셔 칸의 훈련 파트너로서 모든 경기를 따라다녔다.

불행히도 그때 병에 걸렸다는 사실을 알게 되었지만 그럼에도 그는 고된 훈련을 쉬지 않았다. 4년 뒤 병은 점점 심각해져 20세가 되던 해에 의사로부터 허리 수술을 받아야 하니 선수 생활을 그만두라는 이야기를 듣는다. 그렇게 그는 꿈을 포기하고 하버드 대학 시험을 보았다.

대학에 입학한 그의 삶은 여전히 반복되었다. 단지 스쿼시가 아니라 학업이 삶의 중심이 되었다는 점만 달랐다. 그는 모든 논문과 리포트를 완벽하게 작성했고, 한 치의 실수도 용납하지 않았다. 완벽한 학교생활을 한다고 생각했지만 그는 전혀 행복하지 않았다.

대학교 2학년이 되었을 때 생각했다. '최고의 학생, 최고의 교수님, 최고의 교육환경에서 공부하는데 왜 난 하나도 행복하지 않을까? 문제는 내게 있을 거야.'

그때부터 샤하르는 철학과 심리학을 공부하기 시작했다. 그리고 비로소 자신이 불행한 이유는 완벽주의 때문이라는 사실을 깨달았다. 완벽주의에서 벗어나지 못하면 더 이상 행복해질 수 없을 거라는 생각이 들었다.

샤하르 교수는 말했다. "완벽을 추구하는 것은 제한적 천성에 속합니다. 따라서 모든 일에서 완벽해지려는 것은 천성에 위배되는 행위입니다. 하버드생뿐 아니라 많은 사람이 불행한 원인은 바로 완벽주의에 있습니다."

나는 완벽주의자인가? 이상의 정의와 실례를 바탕으로 자신을 평가해보자. 완벽주의자의 특징을 가지고 있다면 명심해라. 변하지 않으면 진정한 행복을 쟁취할 기회조차 상실할 것이다. 그렇다면 어떻게 해야 할까? 샤하르 교수의 강의에 귀 기울여보자.

완벽주의와
최적주의

샤하르 교수는 완벽주의는 최적주의가 아니라고 강조했다. 완벽주의는 인간의 행복을 방해하지만, 최적주의는 목표를 달성하는 과정에서 지나친 완벽을 요구하지 않으며, 실패를 기꺼이 받아들일 수 있는 태도이다. 실패를 받아들일 수 있는지 여부는 성공을 결정하는 중요한 요소이다.

샤하르 교수는 예를 들어보았다.

■■■■ 22세, 일을 시작한 지 얼마 안 돼서 직업을 잃었다.

23세, 정치판에 뛰어들었으나 두각을 드러내지 못하고 실패했으며, 장사로 눈을 돌렸는데 다시 실패했다.

27세, 중압감을 견디지 못하고 정신 이상을 겪었지만 결국엔 다시 일어섰다.

34세, 국회의원 선거에 출마했으나 실패했다.

39세, 다시 선거에 출마했으나 실패했다.

46세, 더 높은 직위로 선거에 출마했으나 실패했다.

47세, 부통령 선거에 출마했으나 실패로 끝났다.

50세, 상원의원에 낙선하지만 포기하지 않고 꾸준히 노력했다.

51세, 미국 16대 대통령에 당선되어 역사상 가장 위대한 미국 대통령으로 추대되었다.

그는 바로 에이브러햄 링컨Abraham Lincoln이다.

링컨은 말했다. "실패는 고통스럽고 견디기 힘들었지만 나는 반드시 앞으로 나아가야 했다." 성공한 인물들은 실패야말로 성공으로 가는 가장 빠른 지름길이라는 사실을 알고 있다. 농구 스타 마이클 조던Michael Jordan, 발명왕 토머스 에디슨Thomas Alva Edison은 최적주의자이자 실패를 딛고 성공한 전형적 인물이라 할 수 있다.

완벽주의자들은 목표로 한 것에 한 번 실패하면 자신이 남들보다 못났다는 생각에 빠지기 쉽고 자책과 자기비하가 심해진다. 하지만 이런 생각은 건강하지 못하며 자신의 잠재력까지 갉아먹는 행위다.

샤하르 교수는 완벽주의와 최적주의의 차이에 대해 다음과 같이 설명했다.

1. 완벽주의자는 실패를 극도로 두려워하며 자신보다는 타인의 평가를 더 두려워한다. 최적주의자는 실패를 하나의 과정으로 생각하며 발전할 수 있는 기회로 본다.

2. 완벽주의자의 인지정서도식은 A점에서 B점까지 직선으로 연결하지만, 최적주의자는 곡선으로 연결한다.

3. 완벽주의자는 추상적인 것을 좋아하며, 사물을 두 개의 극단적인 것으로 평가한다. 최적주의자는 현실적인 것을 좋아하며, 현재 상황이 어떤지 정확히 이해하고 실패를 과정의 일부로 받아들인다.

4. 완벽주의자는 결과를 중시하며, 과정은 원하는 결과를 창출하기 위해 필요한 수단으로만 치부한다. 최적주의자는 과정과 결과를 모두 중시하며 둘 다 성공의 중요한 부분이라고 생각한다.

5. 완벽주의자는 자아수용(Self-acceptance)을 할 줄 모르지만, 최적주의자는 자아수용을 할 줄 안다. 최적주의자는 현실은 나선형으로 구부러져서 발전한다고 생각하며, 실패를 잘 받아들인다.

6. 물이 반쯤 담긴 컵을 보았을 때, 완벽주의자는 비어 있는 부분에 집중한다. 그들은 일탈과 실패에서 고통을 느끼며 고통이 클수록 집착도 커지기 때문에 비어 있는 부분에 집착한다. 최적주의자는 물이 채워져 있는 부분에 집중한다. 그들은 실패에 굴하지 않으며 물을 채우는 과정을 즐기기 때문이다.

완벽주의자와 최적주의자의 서로 다른 특징은 행동과 감정에서도 차이점을 나타낸다.

1. 최적주의자는 휴식의 중요성을 이해하지만, 완벽주의자는 짧은 휴식과 해방감을 즐길 뿐이다.

완벽주의자는 A점에서 B점까지 연결하고 나면 긴장이 풀려서 편안함을 느끼지만 이런 감정은 오래 가지 않는다. 바로 다음 목표를 향하도록 자신을 부추긴다. 이것이 반복되면 행복이란 영원히 다음 목표에 존재하는 것이라고 생각하게 된다.

최적주의자는 과정을 중시한다. 그들은 성공과는 별도로 친구들과 밥을 먹고, 공부를 하며, 운동을 즐기는 과정을 매우 중요하게 생각한다.

최적주의자는 자신을 위한 휴식과 일탈의 공간을 남겨두지만, 완벽주의자는 자유로운 휴식과 일탈의 공간을 허용하지 않고 마치 기계처럼 행동한다. 따라서 최적주의자가 완벽주의자보다 더 행복하다.

2. 최적주의자는 행동력이 강하지만, 완벽주의자는 생각이 너무 많아서 행동으로 연결되기 어렵다.

최적주의자는 실패해도 쉽게 낙담하지 않으며 무슨 일이든 잘 될 거라고 생각한다. 이런 생각은 그들을 행동파로 만든다.

완벽주의자는 실패를 두려워하여 지나친 고민에 빠져 시간을 낭비한다. 그들은 결점이 하나도 없는 완벽한 리포트를 쓸 수 없다면 아예 숙제를 포기한다. 처칠은 이런 말을 남겼다. "완벽주의자는 실패에 너무 집착한 나머지 행동으로 옮기지 못한다. 실패에 대한 두려움이 바로 발전을 저해하는 주요 원인이다."

3. 최적주의자는 모험을 즐기지만, 완벽주의자는 새로운 것을 두려워한다.

최적주의자는 더 행복해지기 위해서는 새로운 사물을 가까이하고 모험을 감행해야 한다는 사실을 알고 있다. 그들은 모험하지 않으면 의외의 기쁨도 느낄 수 없다고 생각한다. 완벽주의자는 실패에 대한 두려움과 타인의 시선을 지나치게 의식하기 때문에 새로운 것을 거부한다.

4. 최적주의자는 타인의 의견과 충고를 잘 받아들이지만, 완벽주의자는 불쾌감을 드러낸다.

최적주의자는 타인의 의견과 충고를 개방적인 태도로 받아들인다. 그들은 기분이 상해도 충고는 반드시 필요하며, 성장하기 위한 중요한 밑거름이라고 생각한다. 완벽주의자는 자신의 생각과 외부의 생각이 다르다는 것을 인정하지 못하며 매우 불쾌해한다.

5. 최적주의자는 자신감이 넘치지만, 완벽주의자는 자신감이 없다.

최적주의자는 자신감이 넘치고 성공에 대한 믿음이 강하다. 그들은 실패해도 다시 일어설 수 있다고 생각하며, 이것이 바로 그들을 성공으로 이끄는 원동력이다. 완벽주의자는 실패를 거부함으로써 성공까지 거부한다. 따라서 대부분의 완벽주의자들은 자신감이 결여되어 있다.

6. 최적주의자는 인간관계를 잘 다스릴 줄 알지만, 완벽주의자는 그렇지 못하다.

최적주의자는 이상적인 인간관계에서 의견차나 다툼은 피할 수 없는 사실이며, 이러한 과정이 인간관계를 더 돈독하게 만들어준다고 생각한다. 그들은 정도를 지키는 것을 중요시한다. 완벽주의자는 심리적인 방어기제가 강해서 타인의 의견을 받아들이지 못하며 속마음을 털어놓기 어려워한다. 그들은 자신의 생각을 타인에게 강요하며, 동료나 자녀, 친구들에게도 완벽해질 것을 요구한다. 사이가 좋을 때는 상대방이 자신과 가장 잘 어울리는 완벽한 사람이라고 여겨지다가도 시간이 지나면 단점을 들추어낸다. 상대방에게 쉽게 실망하기 때문에 좋은 관계를 유지하기 어렵다.

완벽주의가 아닌
최적주의를 추구하자

샤하르 교수는 행복을 얻기 위해서는 완벽주의를 극복하고, 완벽을 추구하는 인식 모델, 즉 그의 두 번째 저서 《완벽의 추구 (The Pursuit of Perfect)》에서 언급한 최적주의에 가까워지기 위해 노력해야 한다고 했다. 최적주의를 추구하기 위해서는 어떻게 해야 할까? 샤하르는 네 가지 해답을 제시했다.

첫째, 정확한 자아인식을 형성한다

중독을 치료하기 위해서든 무언가를 개선하기 위해서든, 완벽주의를 극복하기 위해 가장 먼저 해야 할 일은 자신이 가지고 있는 문제를 인식하는 것이다. 예를 들어, 완벽주의자는 극도로 방어적인 성격을 가지고 있어서 인간관계가 원만하지 않다. 이러한 문제를 인식했다면 즉시 시정하는 게 좋다. 주변으로부터 "우리한테 완벽함을 강요하지 말아줘"라는 말을 들었을 때 불쾌한 기분이 든다면, 자신이 완벽주의자라는 사실을 인식하지 못한 상태로, 자아인식이 제대로 이루어지지 않은 것이다. 완벽주의를 극복하기 위해서는 자아인식이 제대로 이루어져야 하며 그랬을 때 비로소 최적주의로 나아갈 수 있다.

둘째, 결과보다 과정을 중시한다

연구에 따르면, 과정과 노력을 중시하는 사람의 뇌가 더 유연한 사고를 할 수 있다. 따라서 자신에 관한 것이든, 타인에 관한 것이든 과정과 노력을 중시하고 도전과 실패를 경험해 봐야 한다. 그래야 완벽주의를 극복하고 완벽을 추구하는 방향으로 발전할 수 있다.

셋째, 완벽주의를 받아들이고 변화하는 과정을 인내심 있게 지켜본다

연구에 따르면, 신경계통 질병은 빨리 치유되지 않고 계속 발병하거나 잠복해 있다. 완벽주의는 신경병의 일종이다. 우리는 이것이 사라지지 않는 질병이라는 사실을 받아들여야 한다. 하지만 이는 충분히 통제할 수 있는 것으로, 극단적인 완벽주의도 점차 완벽을 추구하는 방향으로 발전할 수 있다.

넷째, 행동으로 실천한다

완벽주의를 극복하기 위해서는 변화가 필요하며, 가장 효과적이고 실질적인 방법은 바로 행동으로 옮기는 것이다. 이는 샤하르 교수가 계속 강조하고 있는 것으로, 직접적인 행동이야말로 변화를 위해 가장 중요한 것이다. 그는 이를 위한 네 가지 행동법칙을 제시했다.

1. 비저항 법칙

타인에게 의견을 구하지 말고, 비평을 듣더라도 상대를 공격하지 않는다. 부정적인 이야기를 들어도 감정을 통제한다. 이것이 습관이 되면 방어기제를 약화시킬 수 있다.

2. 긍정적인 자아암시

뇌는 현실과 상상을 구분하지 못하기 때문에 자주 긍정적인 암시를 해줘야 한다. 예를 들면, 연설을 하기 전 우리는 강단 앞에서 편안해진 자신의 모습을 상상할 수 있다. 이렇게 하면 행동으로 옮기는 데 많은 도움이 된다.

3. 백금률

"타인이 원하지 않는 일은 스스로도 하지 마라.", "타인을 대접하는 대로 나도 대접받는다." 백금률은 자신에게 동정심을 가져야 한다고 주장한다. 자신의 실패를 사랑하는 사람이 실패한 것처럼 받아들이고, 남들을 대할 때와 다른 방식이 아니라 언제나 같은 방식을 취해야 하다고 강조한다.

4. 20 : 80 법칙

연구에 따르면 사람들은 20%의 시간으로 80%의 업무를 처리한다. 따라서 중요하다고 생각되는 20%의 일에 집중해야 하며, 나머지 80%의 일까지 완벽하게 처리하려고 할 필요는 없다. 마찬가지로 한 가지 업무를 처리할 때 중요한 부분에 가장 많은 힘을 쏟고, 나머지는 그 이하의 노력만 기울여도 충분하다.

완벽주의자가 아니라 완벽을 추구하는 사람이 되어야 한다. 이는 실패를 인정하고 그 안에서 성장해 행복을 찾는 사람이다.

완벽주의자에게 필요한 '3P 조절법'

완벽주의를 극복하기 위해서는 역경에 처하거나 실패했을 때 나타나는 부정적인 감정을 조절하는 법을 배워야 한다. 그렇다면 어떻게 해야 할까? 샤하르 교수는 '3P 조절법'을 제시한다.

1P. 정상적인 감정을 인정한다

실패를 했을 때 고통스러운 것은 당연하다. 자신에게 실망스러운 감정이 생기는 것을 인정하고 이것이 인간의 본성임을 받아들인다. 인정할수 있을 때 변화가 시작된다.

2P. 상황을 긍정적으로 바라본다

아무리 힘든 상황 속에서도 다음과 같이 생각하는 게 좋다. 이 상황에서 긍정적인 부분은 무엇일까? 이 일은 내게 어떤 기회를 가져다줄 수 있을까? 즉, 실패의 좋은 점을 보고 주의력을 분산시킨다. 부정적인 생각이나 감정이 나타났을 때는, 다른 방법으로 그러한 감정을 떨쳐내는 것이 좋다. 산책을 하거나, 음악을 들어도 좋고, 가족이나 친구들과

이야기를 나누는 것도 좋은 방법이다. 이것은 현실도피와 다르며, 생각을 분산시키고 문제를 긍정적으로 바라볼 수 있게 도와준다. 주변에서 일어나는 모든 일을 전심전력으로 처리할 수 있는 사람은 아무도 없다는 사실을 명심하자.

3P. 거시적인 관점으로 현재 상황을 처리한다

실의에 빠질 때마다 자신에게 물어본다. "10년이 지나도 이 일로 인해 괴로워할까?" 아마 대부분 그렇지 않을 것이다. 이렇게 질문해보면 우리가 어깨를 늘어뜨리고 낙담할 일은 없을 것이다.

　　다음은 샤하르 교수가 직접 경험을 통해 3P 조절법을 어떻게 활용하는지 자세히 설명하고 있다.

　　━━━ 신학기가 시작되었을 때 딸을 탁아소에 데려다주러 가는 길이었다. 길에서 시간을 지체하다 보니, 교실에 들어가기 전 강의를 준비할 시간이 부족할 것 같았다. 시간이 지나면 지날수록 스트레스를 받았고 초조하고 불안해졌다. 이때 3P 조절법을 적용해 보았다.
　　첫째, 내 감정이 정상적이라고 인정한다. 나는 지금 불안하고 스트레스를 받을 수 있다. 내가 아무리 긍정 심리학 교수라 해도

이 점은 인정해야 한다.

둘째, 사실을 존중하고 긍정적으로 바라본다. 나는 이 강의를 시작한 지 2주밖에 되지 않았고 모든 일이 잘 풀리고 있지만, 때로는 한걸음 물러나야 할 때도 있다. 나는 긍정적인 생각을 하기 시작했다. 이 일을 통해 얻을 수 있는 장점은 무엇일까? 우선, 내가 해야 할 일을 최소화하기 위한 방법을 모색하게 될 것이다. 그 방법만 생각해 낸다면 정말 큰 수확이다. 그다음으로 나는 학생들에게 들려줄 3P 조절법에 대한 사례를 하나 더 추가할 수 있게 되었다. 자, 이제 딸을 탁아소에 데려다 주는 데 초점을 옮겨보자.

셋째, 거시적인 관점으로 현재의 문제를 바라보고 정확한 의견을 도출한다. 일 년이 지나도 이 일을 중요하게 생각할까? 강의 전에 강의안을 두세 번 확인하지 않고 한 번만 보았다는 이유로 원래 95% 진도를 나갈 수 있는데 90%만 나가게 된 일이 정말 중요한 일일까? 물론 그렇지 않다.

이상의 세 단계를 통해 샤하르 교수는 자신을 극복하고 딸을 데려다줘야 하는 현실에 충실할 수 있었다. 그러자 마음이 아주 가볍고 편안해졌다.

친밀하지만
거리가 있는 인간관계를
유지하라

친밀한 관계 형성에
실패하는 이유

샤하르 교수는 '가장 행복한 그룹' 10%를 대상으로 연구를 진행했는데 그들도 다른 그룹처럼 불안과 스트레스, 좌절감을 느낀다는 결과가 나왔다. 하지만 가장 행복한 그룹에 속한 사람들은 회복력이 빨랐으며 뛰어난 면역력을 가지고 있었다. 이는 선천적인 원인보다는 친밀한 인간관계에서 오는 힘이다.

이처럼 친밀한 인간관계는 행복과 깊은 관련이 있다. 샤하르 교수는 이를 두고 내가 행복하면 친한 친구들과 행복을 나누기 때문에 행복이 배로 증가하며 친구들도 행복해지는 원원의 과정이라고 표현했다. 또한 힘들 때 긴밀한 관계의 친구들이 있으면 도움을 받을 수 있다. 기쁨과 슬픔을 함께 나눌 수 있는 친밀한 인간관계는 우리를 더 행복하게 만들어준다.

부부관계는 친밀한 인간관계를 대표한다. 빠르게 발전하는 현대 사회에서 부부관계의 안정성은 나날이 약해지고 있다. 통계에 따르면 20세기 50년대 미국에서 기혼부부의 90% 이상이 결혼생활을 10년 이상 유지했지만, 20세기 90년대에는 이 비율이 50%로 감소했다. 더 안타까운 점은 나머지 50%의 사람들도 대부분 책임감과 습관 때문에 또는 대체할 만한 사람이 없기 때문에 행복하지 않음에도 불구하고 억지로 결혼생활을 유지하고 있다는 사실이다.

그렇다면 친밀한 관계를 계속 유지할 수 없는 이유는 무엇일까? 샤하르 교수는 두 가지 이유를 제시했다.

1. 새로운 것에 대한 욕망

처음 관계를 형성할 때 사람들은 애정이 오랫동안 유지되길 바라지만 서로 어느 정도 친해지고 나면 새로운 사람에게 더 흥미를 느끼게 된다.

브래드 피트Brad Pitt나 할리 베리Halle Berry처럼 꿈에 그리던 이상형을 만났다고 가정해 보자. 이상형과 사랑에 빠져 결혼해 백년해로를 약속하고 함께 산 지 5년쯤 지났을 때 전극을 흐르게 하여 신체 반응을 조사하는 실험을 진행했다. 이상형이었던 배우자와 평범한 낯선 이성을 만나게 하고 전극 반응을 살펴본 결과 낯선 사람을 만났을 때 더 큰 반응이 나타났다.

많은 사람이 실험 결과에 실망했을지도 모르겠다. 하지만 이것이 나쁜 걸까 아니면 좋은 걸까? 고통에 좋고 나쁨이 없는 것처럼 새로운 사물에 대한 욕구도 좋고 나쁨이 없다. 좋은 부부 관계를 유지하고 싶다면 자신의 본능을 받아들이고 그것에 충실해야 한다. 인간은 누구나 새로운 것에 대한 호기심이 있다는 사실을 이해해야 한다.

2. 완벽한 것에 대한 지나친 집착

남부 캘리포니아 대학의 레오 버스카글리아Leo Buscaglia 교수는 말했다. "완벽한 사랑은 없다. 완벽한 연인이 되기 위해서는 아이의 천진함, 영재의 총명함, 예술가의 예민함, 철학자의 이해력, 성자의 관용, 학자의 끈기를 모두 가지고 있어야 하기 때문이다. 하지만 세상에 이 모든 것을 가진 사람은 없다." 샤하르 교수도 이 말에 동의했다.

나의 연인이나 친구가 완벽한 사람이길 기대한다면 갈등의 씨앗을 뿌리는 것과 같다. 샤하르 교수는 말했다. "아내가 완벽한 사람이길 바라지 않습니다. 아내도 마찬가지예요. 우리가 완벽한 사랑을 기대했다면 부부관계는 진작 끝났을 겁니다."

친밀한 관계를 무너뜨리는 원인에 대해 살펴보았는데, 이 관계를 잘 유지하기 위해서는 어떻게 해야 할까? 계속 샤하르 교수의 설명을 들어보자.

간격
유지하기

미시간(Michigan) 홉 대학(Hope college)의 심리학 교수 데이비드 마이어스David G. Myers는 이렇게 말했다. "좋아하는 친구와 가까이 지내며 긴밀하고 평등한 관계를 유지하는 것만큼 행복한 일은 없다." 그렇다면 이런 관계를 유지하기 위해서는 도대체 어떻게 해야 할까?

샤하르 교수는 사람과 사람 간의 교류에는 일정한 거리를 유지하는 게 중요하다고 밝혔다. 가족끼리 멀리 떨어져 살 때는 서로 그리워하고 걱정해주다가도 한 지붕에 모여 살면 종종 갈등을 빚는다.

랄프 왈도 에머슨Ralph Waldo Emerson은 헨리 데이비드 소로우

Henry David Thoreau와의 우정에 관해 이렇게 말했다. "우리 우정은 나이를 초월한 것이었다. 서로 허물없는 사이를 유지할 수 있었던 이유는 간격을 잘 유지했기 때문이다."

심리학자들은 이에 관한 실험을 진행했다. 막 문을 연 도서관 열람실에 한 사람이 자리에 앉으면 피실험자에게 남은 자리에 앉도록 요구했다. 실험에는 총 60명이 참가했다. 그 결과 한두 사람만 있는 넓은 열람실에서 낯선 사람 바로 옆자리에 앉는 피실험자는 아무도 없었다. 대부분 자리에 앉아 있는 사람과 떨어져 앉길 원했다. 그때 다른 곳에 앉아 있던 사람이 피실험자가 앉은 옆자리로 이동하면 불편한 기색을 보였다. "왜 넓은 자리를 놔두고 제 옆에 앉으려는 거죠?"라며 노골적으로 불만을 드러낸 사람도 있었다.

인간관계에서 교류의 횟수가 많아지면 심리적인 거리가 가까워지고 우정이 형성되어 친밀한 관계를 유지하게 된다. 하지만 관계를 오래 이어가기 위해서는 일정한 거리를 유지해야 한다. 즉, 적절한 '물리적 거리'와 '심리적 거리'를 지키는 것이 좋다. 두 문학 거장의 우정에 관한 일화도 이러한 사실을 잘 말해준다.

━━━━ 콜롬비아 작가 가브리엘 가르시아 마르케스^{Gabriel Garca}

Mrquez와 페루 작가 마리오 바르가스 요사(Mario Vargas Llosa)는 둘 다 세계 문학계의 거장으로 추대 받았다.

1967년 겨울, 두 사람은 베네수엘라에서 열린 문학상 수상식에 참가했다가 처음 만났다. 비행기를 타고 카라카스(Caracas) 공항에 내렸을 때 런던에서 온 요사와 멕시코시티에서 온 마르케스는 우연히 마주쳤다. 둘 다 라틴 아메리카 '문학계의 폭탄'급 충격을 가져온 주역으로 서로 오랫동안 우러러보았기에 만나자마자 빠르게 가까워졌다. 수상식을 마친 두 사람은 카라카스에서 '평생 가장 의미 있는 나흘'을 보내며 라틴 아메리카 문학에 대해 논하고 콜롬비아와 페루에 관한 소설을 쓰기로 결정했다.

라틴 아메리카 언론에서는 연일 '라틴 아메리카 문학계 두 거장의 대화'를 특집 보도했다. 당시 두 사람은 더욱 빈번하게 교류했으며 서신 교류를 통해 더 가까워졌다. 요사는 마르케스를 집으로 초대해 둘째 아들의 세례식을 함께했으며, 마르케스는 아이의 대부를 자처했다.

그런데 몇 년 뒤 누구보다 절친했던 두 사람이 철천지원수가 되어 있었다. 1982년 노벨문학상을 심사하는 스웨덴 아카데미에서는 두 사람에게 노벨문학상을 동시에 수상하려던 계획을 취소해야만 했다. 둘 중 한 사람이 수상을 거절할 가능성이 높았기 때문이다. 그리고 그 후 둘이 함께 있는 모습을 본 사람은 아무도 없었다.

아무리 친한 관계라도 거리를 유지하는 것은 중요하다. 적절한 거리는 관계를 더 단단하게 만들어주는 역할을 한다. 친구와 열 시간을 함께 보내고 싶어 하는 사람도 있지만, 서너 시간만 함께 보내고 싶어 하는 사람도 있다. 친구와 오랜 시간을 함께하고 싶지 않다고 해서 잘못된 것은 아니다. 이를 두고 인간관계를 소중히 생각하지 않는다거나, 건강한 인간관계를 유지하지 못한다고 말할 수는 없다.

인간관계를 억지로 관리할 필요는 없으며, 인간관계를 잘하고 있다는 인상을 남기려 애쓸 필요도 없다. 과거의 경험을 바탕으로 친구들과의 교류 시간을 정하면 된다.

친밀한 인간관계를 위한 통찰력

마틴 샐리그먼은 말했다. "우리는 불행한 일에는 민감하게 반응하지만 행복한 일에 대해서는 무관심하며, 심지어 잘 까먹는 것이 빈번하다."

예를 들면, 애인과 말다툼을 하고 나면, 별로 큰 문제도 아닌데 마음속에 오랫동안 남아있다. 두 사람이 쌓은 아름다운 추억은 하나도 생각나지 않고 온통 말다툼했던 내용만 머릿속을 채우며 감정을 키운다.

샤하르 교수는 건강한 인간관계를 유지하기 위해서는 상대방의 장점을 발견하려는 노력이 필요하다고 말했다. 상대방이 잘하는 것이나 좋은 이유를 끊임없이 발견하지 못하면 두 사람의 관계는 급속히 약화될 것이다. 이는 주로 부부관계에서 많이 출현하는데 부부끼리는 상대방의 장점을 당연한 것으로 받아들이기 때문이다. 상대방에 대해 알려 하지 않고 계속 이런 태도로 일관한다면 서로에 대한 호감은 시간이 갈수록 점점 저하될 수밖에 없다.

심리학자들은 부부에게 서로의 장점을 평가하게 한 뒤 부부의 친구들의 평가와 비교해보는 실험을 진행했다. 그 결과 부부의 평가가 친구들의 평가보다 낮을 경우 결혼생활을 길게 유지하지 못했고, 부부의 평가가 친구들의 평가보다 높았을 경우에는 결혼생활을 오래 유지했다. 그리고 두 사람 사이의 관계도 비교적 좋았다.

오늘날 교육환경과 사회적 분위기는 부정적인 일에 더 집중해야 한다고 강조하며, 대부분 사람이 그렇게 살아간다. 하지만 샤하르 교수는 행복해지기 위해서는 개인이나 사물의 장점과 긍정적인 면에 초점을 맞추는 게 중요하다고 말한다. 이것이 바로 긍정적인 사물에 대한 통찰력이다. 통찰력을 키우기 위해서는 어떻게 해야 할까?

1. 새로운 시각을 가져라

샤하르 교수는 학생들이 어떤 질문을 하든 대답을 할 수 있다고 했다. 친밀한 관계에 균열이 나타나면 보통 사람들은 '무엇이 문제일까?', '어떻게 관계를 다시 회복할 수 있을까?'를 묻는다. 이런 질문을 던지는 것은 나쁘지 않지만 지나치게 문제에 집중하느라 긍정적인 면을 소홀히 생각하게 된다.

배우자의 어떤 부분이 가장 마음에 드는가? 생각해 보자. 그(그녀)의 무엇이 가장 당신의 마음을 움직이게 하는가? 부부관계에 적신호가 켜졌다면 질문에 대한 답을 곰곰이 생각해 보라. 왜 처음 상대방을 만났을 때 호감을 느꼈을까? 가장 처음 그(그녀)의 무엇이 마음에 들었는가? 긍정적인 면에 집중한다면 관계를 다시 회복할 수 있을 것이다.

2. 긍정적인 시선으로 바라보라

내가 잘 모르거나 잘 보이지 않는 상대방의 모습을 알려고 노력한다. 중요한 것은 긍정적인 태도로 상대방을 이해하는 것이다. 융통성이 없는 게 아니라 철저한 원칙주의자이며, 가벼운 사람이 아니라 유머러스한 사람이고, 의심이 많은 게 아니라 신중한 사람으로 바라본다.

긍정적인 시선으로 바라보면 상대방의 단점도 장점이 될 수 있다.

3. 상대방의 장점을 찾아라

유명한 심리학자 에이브러햄 매슬로Abraham Maslow는 이런 말을 남겼다. "사랑하는 사람은 상대방의 잠재력을 보고, 그것을 현실로 만들어주는 사람이다."

남들이 보지 못하는 그 사람의 장점을 발견하고 그것이 현실에서 발휘될 수 있게 해준다는 말이다. 샤하르 교수는 그의 아내와의 이야기를 들려주었다.

━━━ 제 아내는 장점을 잘 발견하는 사람이에요, 심지어 장점을 창조해 내기도 하죠. 아내가 임신 8개월이었을 때 제게 이

런 말을 하더라고요. "여보, 이제는 배가 남산만 해져서 몸이 좀 힘드네요. 집안일을 좀 도와주면 좋겠어요." 저는 그동안 아내에게 너무 무심했다는 생각에 미안해졌습니다. "그동안 미안했어, 여보. 앞으로 최선을 다해 도와줄게."

제가 마트에서 장을 보고 왔을 때 아내가 말했습니다. "여보, 도와줘서 정말 고마워요!" 그 말을 들으니 더 미안한 생각이 들더군요. "당신이 도와달라고 말하고 나서야 이렇게 도와주게 돼서 너무 미안해." "아니에요. 제가 당신의 그 점을 얼마나 좋아하는데요. 제 말에 귀 기울여줘서 고마워요. 당신은 정말 자상한 사람이에요." 아내의 고마운 칭찬을 들은 저는 요리까지 책임지게 되었답니다.

상대의 장점을 발견하려는 노력은 친밀한 관계를 형성하는 데 큰 도움이 되지만, 이런 통찰력은 하루아침에 생기는 게 아니다. 바로 지금 작은 일에서부터 시작해보자.

갈등을
인정하라

"우리 부부는 이제까지 한 번도 싸운 적이 없어요." 종종 이런 말을 자랑스럽게 하는 사람들을 본다. 이 말이 사실이라면 부러워할 게 아니라, 둘 중 한 사람은 극도로 감정을 억제하느라 속으로 곪아가고 있다는 사실을 알아야 한다. 겉으로만 평화를 유지하는 관계를 부러워할 사람은 없을 것이다.

샤하르 교수는 비유를 들어 설명했다. 만약 밀폐된 무균실에서 태어난 사람이 10년쯤 뒤에 세상 밖으로 나가게 되면 바로 병에 걸리고 말 것이다. 무균실 환경이 오히려 그에게 부정적인 영향을 미친 것이다. 병에 걸리거나 오염된 공기와 세균에 노출될 때 그것을 극복하면서 우리의 면역력은 증가한다. 인간관계도 똑같다. 둘 사이에 아무런 충돌도 없다면 시간이 지나도 관계는 긴밀해지지 않는다. 오히려 관계가 약화되거나 심지어 완전히 와해될 수도 있다.

물론 모든 충돌이 긍정적인 것은 아니다. 건강한 충돌은 상대방의 행동, 생각에 관심을 가지고 서로 소통하려 노력하는 것이며, 건강하지 못한 충돌은 상대방 자체나 감정에만 주목한다. 누군가에게 "당신은 정말 배려심이 없군요"라고 했다면 그의 행동이 아니라 그 사람 자체를 질책하는 것이다. 상대방의 행동에 주목했다면 "변기를 사용하고 나서 뚜껑을 덮어줄 수 있나요?"라고 말할 것이다. 두 문장의 원인과 결과는 같지만, 말하는 방식은 전혀 다르며(전자는 사람에 집중하고, 후자는 사건에 집중한다), 이야기를 들은 당사자도 큰 차이를 느낀다.

"넌 너무 게으른 것 같아. 청소하겠다고 대답해 놓고선 하나도 안 해놨잖아. 앞으로 네 말을 믿나 봐라!" 이는 평소 자주 들을 수 있는 말인데, 상대방에 대한 공격적 측면이 매우 강하다. 이렇게 바꿔 말해보자. "청소를 도와주겠다고 했는데 아직도 방이 엉망진창이라서 마음이 불편하구나."

부부 사이에 소통하는 방법을 잘 몰라서 상대방의 감정을 상하게 하는 경우가 많다. 유명한 부부 상담가 존 가트맨John Gottma은 말했다. "건강한 부부관계를 형성하기 위해서는 결혼의 부정적인 면이 아니라 긍정적인 면에 주목해야 한다." 긍정적인 소통방법을 배우면 충돌을 효과적으로 해결할 수 있다. 충돌을 피하기 위한 긍정적인 소통방법으로는 무엇이 있을까?

1. 암묵적 동의
당신이 의사라면 당신이 얼마나 환자를 이해하고 환자가 얼마나 당신을 인정하고 있는지에 따라 치료 효과가 결정되기도 한다. 이런 암묵적 동의는 부부관계에서도 그대로 적용되지만, 이를 소홀히 생각하는 사람이 많다.

좋은 부부관계를 유지하고 싶다면 스스로에게 이런 질문들을 해보자.

"나는 상대방이 현재 무엇을 하고 있는지, 어떤 것에 관심이 있는지 알고 있는가?"

"상대방의 말에 진심으로 귀 기울여 본 적이 있는가?"

"상대방의 눈을 바라본 적이 있는가?"

"진심으로 그를 알고 싶은가?"

2. 작은 일부터 시작하라

피터 프랭크Peter frank 교수는 말했다. "하루 60초면 충분히 행복해질 수 있습니다. 키스나 포옹을 할 수도 있고, 사랑을 담은 메모를 쓸 수도 있습니다. 이런 작은 것들이 큰 변화를 만들어 냅니다. 우리 삶을 전혀 다른 모습으로 바꿔놓을 수도 있습니다." 작은 애정 표현, 함께하는 아침식사, 외출하기 전의 키스와 같은 사소한 행동이 두 사람의 관계를 더 단단하게 만들어줄 수 있다는 것이다.

사람들은 보통 대통령 선거나 자살 폭탄테러와 같은 큰 사건이 우리의 삶을 바꿔놓는다고 생각하지만, 사실 우리를 행복하게 만들어주는 것은 작은 일에서 시작된다.

사소한 일이나 매일 반복되는 일상이 인간관계를 더욱 긴밀하게 만들어주는 사례는 흔히 찾아볼 수 있다. 상대방에게 관심을 표현할 수도 있고, 오늘 무엇을 할 것인지 물어보거나 지금 무엇을 하고 싶은지 물어볼 수도 있다. "오늘따라 기분이 안 좋아 보이는데 도와줄 일이 있을까?"라는 말 한마디가 상대방의 마음을 위로해줄 수도 있다. 상대방이 무엇을 좋아하고 무엇을 싫어하는지, 좋아한다면 얼마나 좋아하는지……, 이런 작은 관심이 두 사람의 사랑을 더 견고하게 만들어준다.

3. 칭찬하기

소설가 마크 트웨인Mark Twain은 이런 말을 남겼다. "멋진 칭찬 한마디로 두 달을 살 수 있다." 샤하르 교수는 장인, 장모의 이야기로 칭찬의 중요성을 설명했다.

▬▬▬ 하버드 경영대학원을 졸업한 장인은 영리하고 반응이 빠른 분이고, 장모는 무척이나 귀여운 분이셨습니다. 하루는 두

분이 함께 모임에 참석해서 지인들과 즐거운 저녁 시간을 보냈습니다.

모임이 끝나고 장모가 장인에게 따졌습니다. "오늘 모임에서 만난 모든 사람이 절 보고 예쁘다고 칭찬하는데 당신은 왜 한 마디도 안 하는 거죠?"

최고 대학을 나온 우수한 인재이자 이스라엘 최고의 변호사로 손꼽히는 장인은 부인의 말에 즉시 대답했습니다. "여보, 몇 달 전에 이미 당신이 얼마나 아름답고 우아한 여자인지 말하지 않았어요? 기억나죠?" 장인은 고개를 끄덕이는 장모에게 이어서 말했습니다. "다음번에 말하기 전까지도 당신은 계속 아름다울 거예요." 이 말로 장모의 마음을 다 풀어주었다고 생각한 순간 장모가 일침을 가했습니다. "다음번에 말하기 전까지 당신은 계속 소파에서 자야 할 거예요."

이런 방법으로 충돌을 줄일 수는 있지만, 처음 말했듯이 충돌은 건강한 결혼생활에서 피할 수 없는 일부이다. 가트맨은 관계가 좋은 부부 수천 쌍을 대상으로 실험을 진행했다. 그 결과 부부는 평균 다섯 번에 한 번꼴로 충돌했으며, 감정이 극단적으로 치닫거나 평온을 유지하는 등의 차이를 보였다.

충돌을 피할 수 없다면 어떻게 하는 게 좋을까?

1. 피하지 말고 해결책을 찾아라

하버드 대학의 연구에 따르면, 충돌이 발생했을 때 남자는 충돌을 피하려는 경향이 강했다. 자리를 피하거나 냉전기를 갖거나 심지어 이별을 선택하기도 했다.

샤하르 교수는 충돌을 피하는 것은 문제를 더 확대시키거나 자신감을 떨어뜨리는 결과를 초래할 수 있다고 밝혔다. 인생에 해결할 수 없는 위기는 없다. 용감히 앞으로 나아가 적극적으로 문제를 해결하자. 문제가 해결되면 새로운 인생의 지혜를 터득하고 자신감도 얻을 수 있다.

2. 감정적으로 접근하지 마라

적대감, 모욕감, 경멸을 피하기 위해서는 상대방 자체보다는 그의 행동에 주목하는 게 좋다. 적대감과 경멸이 반드시 이혼으로 이어지는 것은 아니지만 장기적으로 보았을 때 이는 분명히 좋지 않은 징조이다. 따라서 상대방을 의심하고 부정할 게 아니라, 칭찬하고 인정해야 한다.

3. 두 사람 간의 갈등을 남들에게 알리지 마라

제3자에게 두 사람의 갈등을 알리거나, 외부인 앞에서 상대방의 잘못을 비난하는 것은 부부관계를 파괴하는 행위다. 따라서 제 3자 앞에서 싸우거나 친구들이 모인 자리에서 상대방을 헐뜯는 행위는 삼가는 게 좋다. 화가 가라앉으면 서로 화해하고 관계를 회복시킬 수 있지만 남들에게 떠벌리고 나면 사과를 하기도 쉽지 않고 싸움이 더 커질 가능성이 높다.

4. 진심으로 상대방을 위로하라

"미안해. 나 좀 안아줘. 정말 싸우기 싫어. 당신을 진심으로 사랑해"라는 말을 건네 보자. 진심으로 상대방을 위로한다면 큰 충돌까지 이어지지는 않을 것이다.

건강한 관계를 위한 기초

사회심리학자 데이비드 스탁David Stock은 말했다. "친밀함이란 자신이 싫어하는 부분까지 남들에게 이해를 받는 것이다. 남들에게 인정받길 원하는 게 아니다." 샤하르 교수는 이것이 배우자,

가족, 친구와의 관계를 크게 변화시킬 수 있다고 하며, "관계를 유지하고 행복감을 증대하는 데 아주 중요하다"고 했다.

생각해 보자. 남들에게 인정받길 원하는 사람은 인간관계를 맺고 수십 년이 흐른 뒤까지도 '완벽한 사람'이라는 이미지를 남기기 위해 노력할 것이다. 상대방에게 자신의 부족한 점을 들킨다면 엄청난 좌절감에 빠질지도 모른다. 샤하르 교수는 자신의 경험을 예로 들었다.

━━━━ 막 대학 강의를 시작했을 때 나는 학생들이 좋아하는 교수가 되고 싶었다. 그것은 당시 내게 가장 중요한 목표이기도 했다. 그런데 어느 날 데이비드의 책과 명언을 읽은 나는 목표를 '남들에게 인정받으려 하지 말고 이해받으려 하자'로 바꿨다. 아직도 나는 매일 강단에 서기 전에 수첩에 메모해 놓은 이 글을 읽는다. "인정받으려 하지 말고 이해받으려 하자." 이 문장은 나와 학생들과의 관계에 큰 변화를 가져왔다.

항상 남들에게 인정받으려 한다면 부정적인 결과를 초래할 것이다. 우선, 강압적이고 피곤한 사람이라는 인상을 남기게 된다. 샤하르 교수는 학생들이 원하는 교수가 되기 위해 잘하지 못하는 일들, 하기 싫어하는 일들을 해야 했다. 그는 강단에 섰을 때 학생들에게 인정 대신 조금이라도 더 이해받을 수 있다면 무슨 일이든 기꺼이 할 수 있었다. 둘째, 샤하르 교수가 학생들에게 '완벽한 사람'이라는 인상을 남겼다면 둘 사이의 관계는 악화되었을지도 모른다. 왜냐하면 완벽한 학생, 완벽한 교수란 존재하지 않기 때문이다. 또한 학생들이 샤하르 교수의 모습을 기준으로 다른 교수들에게 완벽함을 요구한다면 그것이야말로 큰 문제가 아닌가!

결혼 20년 차, 30년 차, 40년 차 부부를 대상으로 한 연구에 따르면 사이가 좋은 부부들은 자신을 아는 것만큼 배우자에 대해 잘 알고 있었다.

이런 경지에 도달하기 위해서는 어떻게 해야 할까?

첫째, 진실한 모습을 보여준다. 건강한 부부관계에서는 상대방에게 자신의 모습을 각인시키려 노력하기보다는 자신의 모습을 가감 없이 보여주어야 한다. 샤하르 교수는 말했다. "남들의 이해를 받고 싶다면 먼저 자기 마음의 문을 열고 자신의 감정을 드러내고 공유할 수 있어야 한다." 사실 자신의 모습을 있는 그대로 보여준다는 것은 모험이다. 때로는 불편함을 감수해야 하고 심지어 상대방과 충돌을 일으킬 수도 있다. 하지만 그런 충돌은 순간에 불과하다.

둘째, 상대방의 이해를 받고 싶다면 먼저 그를 이해해야 한다. 좋아하는 술은 무엇인지, 좋아하는 꽃은 무엇인지, 스킨십을 좋아하는지, 하고 싶은 건 무엇이고 두려워하는 건 무엇인지, 언제 혼자 있고 싶은지, 언제 가장 대화를 하고 싶은지를 알아본다.

결론적으로 부부관계에서든 친구와의 관계에서든 건강한 관계의 기초는 인정받는 게 아니라 이해받는 것이다.

희생정신

심리학자의 연구에 따르면 건강한 관계를 형성할 때 가장 중요한 것은 서로에 대한 희생정신이다. 이는 누구나 아는 상식이지만 중요하게 생각하는 사람은 별로 없다. 반대로 사람들은 이상형을 만났을 때 비로소 안정적이고 영원한 결혼생활을 할 수 있다고 믿는다.

사실 성격이 잘 맞는 사람을 찾는 것도 중요하지만, 찾는 데 집중한 나머지 사람들을 고정관념에 사로잡히게 이끈다. 샤하르 교수는 말했다. "개방적인 사고는 긍정적인 결과를 가져오고, 폐쇄적인 사고는 부정적인 결과를 가져온다." 부부로서 영원히 함께하기 위해서 이상형을 만나야 한다고 믿는다면 고정관념에 사로잡히는 것이다. 설사 이상형을 만났고 낭만적인 첫 만남을 가졌다 해도 결혼 후에 발생하는 갈등은 피할 수 없다. 두 사람 사이에 위기가 생길 때마다 이런 생각이 들 것이다. '내가 사람을 잘못 찾았어. 분명히 잘못된 판단을 한 거야.' 이것은 폐쇄적 사고를 가진 사람들에게서 자주 나타나는 경향으로, 이들은 결과를 평가의 기준으로 삼는다.

건강한 관계를 형성하기 위해서는 연애 초기에 '사랑은 대가를 필요로 하는 것'이라는 인식을 할 필요가 있다. 그러면 위기 속에서도 '좋아! 지금 매우 힘들고 괴롭지만 상관없어. 열심히 노력하고 있으니까 괜찮아질 거야'라는 생각을 하게 될 것이다. 이는 노력한 끝에 칭찬을 받는 학생에 비교할 수 있다. 문제를 해결하지 못하면 무슨 상관인가? 최선을 다해 노력했고 과정을 충분히 즐겼으면 그만이다.

사랑을 주제로 한 영화를 보면 언제나 남자 주인공과 여자 주인공이 우여곡절 끝에 위기를 극복하고 '행복하게 살았습니다'로 끝난다. 영화가 끝나고 막을 내렸다고 그들의 사랑이 완벽해지는 걸까? 샤하르 교수는 말한다. "사실 그들의 사랑은 완전하지 않으며 아직 끝나지 않았습니다. 이제 막 시작한 거죠." 그는 영화가 예술성이나 오락성에서 많은 기여를 한 것은 사실이나, 사랑에 관해서는 좋지 않은 영향을 미쳤다고 지적했다. 영화에서 사랑에 빠진 선남선녀들을 보면 마지막까지 사랑에 관한 고정관념, 즉 꿈에 그리던 이상형을 만나면 아무리 힘든 위기가 닥쳐도 아름다운 사랑을 이어갈 수 있을 거라는 생각에서 빠져나오지 못한다.

아리스토텔레스Aristoteles는 말했다. "소설은 역사보다 가치 있다. 역사는 사실 자체를 서술하지만, 소설은 사실을 초월한 이야기를 그리기 때문이다." 따라서 일어날 가능성이 있는 일들을 정교한 방식으로 표현하는 일, 특히 로맨스 영화는 사람들의 고정관념을 더욱 강화한다.

일시적인 격정은 누구나 가질 수 있다. 특히 잘생기고 예쁜 남녀라면 일이 년 안에 싫증이 나지는 않을 것이다. 하지만 더 오래되고 안정된 관계를 원한다면 짝을 찾는 데 할애한 수고보다 더 많은 대가를 지불해야 한다. 두 사람의 관계를 유일한 것으로 만들어줄 수 있는 게 무엇일까? 이상형을 찾아 헤맬 게 아니라 이미 선택한 상대방과의 관계를 잘 발전시키는 것이 정답이다.

일부 여성들은 결혼생활을 유지하기 위해 또는 남편의 마음을 붙잡아 두기 위해 아이를 낳기도 한다. 샤하르 교수는 이를 두고 아주 영리한 선택이라고 했다. 함께할 수 있는 일을 찾는 것 즉, 아이를 키우는 일은 부부관계를 더욱 견고하게 만들어줄 수 있다.

물론 부부 공동의 목표가 아이를 낳아 기르는 것 외에 다른 일이 될 수도 있다. '함께' 한다는 사실이 중요하다. 화목한 부부들은 서로 마음이 통한다. 함께 있지 않아도 배우자의 꿈과 희망을 서로 지지하며, 공동의 인생목표가 있다. 이런 부부는 각자의 꿈, 일, 취미를 가지고 모든 것을 함께하는 것은 아니지만, 공동의 할 일을 가지고 있다.

샤하르 교수는 친구의 이야기를 예로 들었다.

━━━━ 한 친구가 있는데 평소 반성을 즐겨하고 성실하고 정직한 사람입니다. 20대 초반에 결혼한 친구는 남들보다 빨리 아이를 낳은 편이었어요. 아내와 아이가 처음 병원에서 퇴원하는 날 귀여운 아이의 얼굴을 보고 있는데 문득 자신이 아이를 사랑하고 있다는 느낌이 들지 않았다고 해요. 아이를 무척 사랑한다고 생각했는데 그렇지 않은 기분이 들자 엄청난 죄책감에 시달렸어요. 막 한 생명의 아버지가 되었는데 생각했던 것보다 큰 감동은 없었죠.

하지만 다행히 친구의 그런 마음은 오래가지 않았어요. 아이를 직접 돌보기 시작하면서 아이에게 옷을 입히고, 잠을 재우고, 먹을 것을 챙겨주고, 산책을 하고, 목욕을 시키고, 청소를 하면서 사랑의 감정이 싹트기 시작했습니다. 부성애를 느꼈던 거죠. 그러자 아내와의 관계도 더욱 좋아졌다고 해요.

이것이 바로 희생이다. 부부가 공동의 목표를 향해 희생하고 노력할 때, 서로 의지하고 소통하는 과정에서 새로운 감정이 생긴다. 서로를 더 잘 이해하게 되면서 두 사람의 관계가 더 단단해지는 것이다.

마지막으로 샤하르 교수는 이런 말을 남겼다. "우리 부부는 일주일에 이틀은 '부부 휴가'로 정해놓고 항상 함께하려고 노력해요. 이날을 이용해 외식도 하고 여행도 다니죠. 모두가 바쁘게 살아가는 현대 사회에서 우리가 이런 노력을 하지 않았다면, 중요하지만 급하지 않은 이 일들은 항상 뒷전으로 밀려났을 거예요. 약속을 했는데 회사에서 전화가 왔을 때 시급한 정도에 따라 일을 처리했다면 전화를 받았겠죠. 하지만 '부부 휴가'를 최우선으로 생각했기 때문에 지금까지 좋은 관계를 유지할 수 있었습니다."

친밀한 관계를 유지하기 위한 포옹

심리학자 버지니아 사티어Virginia Satir는 말했다. "생존하기 위해서는 하루 네 번의 포옹이 필요하고, 생명을 계속 유지하기 위해서는 여덟 번의 포옹이 필요하며, 성장하기 위해서는 열두 번의 포옹이 필요하다." 이는 포옹이 양질의 수면, 충분한 운동, 양호한 인간관계와 같이 아주 중요하다는 사실을 말한다.

미국 캘리포니아 대학 로스앤젤레스 분교의 정신의학 교수는 인간의 뇌하수체 후엽에서 '본딩 호르몬(Bonding hormone)'이 분비되는데, 이것은 포옹의 욕구를 생성하고 체내 재생 세포를 자극해 항노화 호르몬을 분비시킨다고 밝혔다.

마이애미 대학(Miami University)의 연구에 따르면 포옹은 육체적, 심리적 건강에 아주 중요한 영향을 미친다. 육체적으로는 면역체계를 강화하여 통증을 잘 견딜 수 있게 해준다. 심리적으로는 정신 질환 및 식이 질환과 밀접한 관계를 가진다. 심리요법 중 70%~95%가 포옹을 활용하고 있으며, 우울증과 불안감 해소에도 효과가 크다.

원숭이를 이용한 실험도 있다. 새끼를 어미의 품에서 떨어뜨리고 아무런 스킨십도 해주지 않고 시간을 두고 지켜봤더니 어미의 품에서 자란 새끼보다 발육이 훨씬 느렸고, 인지능력도 크게 차이가 났다.

다음은 포옹의 중요성을 잘 보여주는 사례다.

━━━━ 어느 병원에 다른 아기들보다 유독 발육 상태가 좋은 영아방이 있었다. 그 방의 아기들은 인지능력과 건강상태에서 다른 아기들보다 훨씬 뛰어났는데 이유를 알 수 없었다. 그래서 영아방을 자세히 관찰해 보았더니 뜻밖에도 한 간호사가 아기들을 차례대로 안아주며 말을 거는 모습이 발견되었다.

그 후로 스킨십의 중요성을 깨달은 병원은 매일 45분씩 포옹 시간을 가졌다. 그 결과 포옹을 받은 아이들은 그렇지 않은 아기들에 비해 체중이 74%나 증가했고, 일 년 뒤 아기들의 체중과 인지능력은 훨씬 큰 차이를 보였다.

심리학 실험에 따르면 하루 다섯 번씩 포옹하는 사람은 그렇지 않은 사람보다 행복지수가 훨씬 크게 증가했다. 샤하르 교수는 포옹의 중요성을 강조하며 학생들에게 매일 다섯 번 이상 포옹하라고 당부하며, 하루 스무 번이 가장 좋다고 덧붙였다. 포옹은 하는 사람이나 받는 사람 모두 행복해질 수 있는 최고의 방법이다.

마지막으로 샤하르 교수는 포옹할 때 상대를 존중하는 마음을 가져야 한다고 주장했다. 포옹을 한다고 해서 모든 사람이 따뜻함과 편안함을 느낄 수 있는 것은 아니기 때문이다. 그러니 포옹을 할 때 상대방의 반응을 잘 살피도록 한다. 내가 먼저 상대를 존중해줄 때, 상대도 나를 존중해줄 것이다.

바로 지금부터
행복을 시작할 수 있다

시간이 참 빠르게 흐르는 것 같다. 샤하르 교수의 행복 강의도 곧 끝나간다. 돌아보니 학기 내내 '행복'에 대해 토론했으며, 세계 각지에서 온 학생들과 인류의 마지막 목표인 행복을 위해 교수님의 가르침에 귀를 기울였다. 행복 전도사를 자청한 샤하르 교수님은 우리를 실망시키지 않았다.

한 학기 동안 강의를 들으면서 많은 학생이 진지하게 내면을 들여다보기 시작했다. 샤하르 교수도 '행복이란 자신의 내면을 들여다보는 것에서부터 시작된다'라고 한 것처럼 이는 괜찮은 출발이었다.

강의를 들으며 학생들은 진심으로 다가온 탈 벤 샤하르 교수의 매력에 빠졌다. 권위를 내세우지 않으면서도 소탈하고 솔직한 성격의 샤하르 교수는 내면의 매력으로 학생들의 마음을 샀다.

필자는 이번 학기에 수강한 '긍정 심리학'을 돌아보며 어떤 수확을 얻었는지 정리해 보았다.

1. 샤하르 교수는 질문의 중요성을 강조했다. 교수님의 지도 하에 우리는 긍정적인 질문법을 배울 수 있었다.

질문은 질문하는 사람이 나아갈 방향을 결정한다. "왜 실패했을까?"처럼 항상 부정적인 질문을 던지는 사람은 자신을 포함해 사람들이 가진 잠재력을 보지 못한다. "인간관계를 개선하려면 어떻게 해야 할까?"와 같은 질문만 한다면 주변 사람들이 가진 재능과 능력을 보지 못할 것이다.

샤하르 교수는 이렇게 질문했다. "왜 같은 환경에서 그렇게 많은 사람이 성공할 수 있었을까?", "배우자는 어떤 장점을 가지고 있을까?", "나를 즐겁게 하는 것은 무엇일까?"……긍정적인 질문은 긍정적인 힘을 가져다준다. 우리의 인생은 이런 긍정적인 질문에 대한 해답을 찾아가는 과정을 통해 끊임없이 발전한다.

2. 샤하르 교수는 실패는 피할 수 없지만, 부정적인 것만은 아니며 성공의 발판이 될 수 있다고 강조했다. 우리는 이론과 실례를 통해 정면으로 실패와 마주하는 방법을 배울 수 있었다.

우리가 지금 자유롭게 길을 걸을 수 있는 것은 어릴 때 수없이 넘어지고 기어오르기를 반복한 결과이다. 어릴 때 걷는 법을 배우는 과정에서 넘어지면 대수롭지 않게 생각하듯이, 성장하면서 넘어지는 것에 대해서도 긍정적인 태도를 가져야 한다.

3. 샤하르 교수는 자신감을 가지고 자신을 존중하는 습관을 키우라고 격려했다.

성공한 사람들은 다음의 두 가지 특징을 가진다. 하나, 질문하길 좋아하며 항상 공부하는 자세를 가지고 있다. 그들은 겸손하고 긍정적이다. 이는 행복감과 자존감을 증대시키는 데 중요한 역할을 한다. 둘, 자신을 믿는다.

샤하르 교수가 존경하던 콜린스 교수를 기억하는가? 콜린스는 자신의 학생을 신뢰했다. 그녀의 무조건적인 신뢰는 모두가 포기했던 학생들을 우등생으로 만드는 기적을 탄생시켰다.

4. 친밀한 인간관계를 형성하는 법과 배우자를 대하는 법을 배울 수 있었다.

삶의 아름다움을 포착하고 인간관계의 긍정적인 면을 바라볼 줄 알면, 배우자, 친구, 동료의 장점을 발견할 수 있다. 세상에 완벽한 사람은 존재하지 않으며 완벽한 관계도 있을 수 없다. 초점을 긍정적인 면에 맞추고 그것을 발견하기 위해 노력한다면 더 나은 방향으로 발전할 수 있을 것이다.

5. 단순하게 사는 방법을 배울 수 있었다.

샤하르 교수는 꿈에 그리던 물건을 소유하는 것을 행복이나 즐거움을 느끼는 것과 동일시해서는 안 된다고 강조했다. 아무리 좋은 물건이라 해도 지나치게 많으면 없느니만 못하는 상태가 되기 때문이다. 이는 동시에 좋아하는 음악 두 곡을 들을 수 없는 것과 같다. 일 더하기 일은 이가 아니라, 소음이라는 결과가 나온다. 따라서 우리는 삶을 단순화할 필요가 있다. 진정으로 원하지 않는 일에 'No'라고 할 줄 알아야 시간과 정력을 진정으로 하고 싶은 일에 사용할 수 있다. 그럴 때 행복은 자연스럽게 찾아온다.

6. 운동과 포옹, 명상에 대한 중요성을 다시 한 번 생각하게 되었다. 자신을 이해하고, 마음을 솔직히 표현하되 억지로 꾸미거나 가면을 쓰고 살 필요는 없다.

샤하르 교수는 마하트마 간디Mahatma Gandhi의 명언 "세상을 바꾸고 싶다면 스스로 먼저 변하라!"를 좌우명으로 생각한다. 그는 젊은이들이 간디의 말대로 실천하기를 희망했다.

샤하르 교수의 강의는 끝났지만 우리의 행복 여행은 이제부터 시작이다!